·健康活力唤醒系列

看视频学拉伸

疼痛消除 × 损伤预防

黄志基　鹿国晖　朱丽敏 —— 主编

化学工业出版社

北京

内容简介

什么是拉伸？

为什么要进行拉伸？

怎样做才能获得高效的拉伸？

《看视频学拉伸》用34种动态拉伸、40种被动静态拉伸、17种主动关节辅助拉伸、15种被动关节牵引拉伸针对以上问题给出了解答。

除106种拉伸方法外，书中还给出了20种精准拉伸组合方案，特别针对跑步、篮球、足球、网球、体操、体能训练前、体能训练后等具体运动，以及胸、肩、髋、脚、手、肘、上交叉综合征、下交叉综合征等具体症状，用简便易行的拉伸方法进行预防与缓解。

图书在版编目（CIP）数据

看视频学拉伸/黄志基，鹿国晖，朱丽敏主编．—北京：化学工业出版社，2021.6

ISBN 978-7-122-38967-1

Ⅰ.①看… Ⅱ.①黄… ②鹿… ③朱… Ⅲ.①健康运动 Ⅳ.①G883

中国版本图书馆CIP数据核字（2021）第067236号

责任编辑：宋　薇　　　　　　　　　装帧设计：张　辉
责任校对：杜杏然

出版发行：化学工业出版社（北京市东城区青年湖南街13号　邮政编码100011）
印　　装：中煤（北京）印务有限公司
880mm×1230mm　1/24　印张10½　字数262千字　2021年9月北京第1版第1次印刷

购书咨询：010-64518888　　　　　　售后服务：010-64518899
网　　址：http://www.cip.com.cn

凡购买本书，如有缺损质量问题，本社销售中心负责调换。

定　　价：98.00元　　　　　　　　　　　　　　　　　版权所有　违者必究

前言

拉伸是一种历史悠久的自我康复保健运动，初生婴儿本能的伸展、五禽戏与八段锦等模仿动物的舒展，都能看到拉伸的影子。运动拉伸能够增加特定区域肌肉及筋膜的柔韧度及关节的灵活度。

生命在于运动，而运动首先需要有灵活自如的肢体。体操、花样滑冰、舞蹈中优美的姿态都需要人们具备良好的柔软度、灵活度；即便是日常人们身体所表现出来的关节僵硬、身体疼痛、动作缓慢、反应迟钝以及含胸驼背等不良体态，也均与肌肉紧张、关节灵活度不足等有很大关系。

拉伸的理论和技术在不断完善和发展中。不同的拉伸方法各有其特点和适用范围，应该根据不同的需要，灵活选择和运用。运动拉伸在运动前、后进行时应用的技巧可以不同，实现某一特定目标的拉伸方法也可以不一致，但都需要先确认拉伸对象的活动能力上限与受限的类型，才能制订出更为适合的计划，实现拉伸的良好效果。

在制订拉伸计划前，系统评估十分重要。本书中给出的拉伸前主动评估表和拉伸前被动评估表更便于读者对自身状态有准确的认知。锻炼者可以与教练一起先评估哪一关节或者哪组肌肉更需要进行拉伸；了解关节受限究竟是肌肉肌腱问题、韧带问题还是关节囊问题等。再针对不同形式的受限，用不同的拉伸方式进行缓解和治愈。

本书由黄志基、鹿国晖、朱丽敏任主编,刘杨、李建亚、王新伟任副主编,李铂任主审。参与编写的有谢凡、郭耀鸿、王婷婷、赖静。

限于时间和精力,书中若有不足之处,敬请读者和同行指正。

编者

第一部分　运动拉伸前的准备

1. 拉伸基础知识 ………………………………………… 2
　1.1　关节活动度相关信息 ……………………………… 2
　　1.1.1　柔软度 …………………………………………… 3
　　1.1.2　灵活度 …………………………………………… 7
　　1.1.3　提升身体灵活度 ………………………………… 9
　1.2　拉伸的效果 ………………………………………… 11
　　1.2.1　拉伸对筋膜的影响 ……………………………… 11
　　1.2.2　拉伸对肌腱的影响 ……………………………… 12
　　1.2.3　拉伸对关节韧带的影响 ………………………… 13
　　1.2.4　拉伸对神经的影响 ……………………………… 13
　　1.2.5　拉伸对动作控制系统的影响 …………………… 14
　1.3　拉伸的元素与技术分类 …………………………… 15
　　1.3.1　拉伸元素 ………………………………………… 15
　　1.3.2　拉伸技术 ………………………………………… 16
　　1.3.3　PNF拉伸技术 …………………………………… 17

2. 拉伸前关节活动度评估及注意事项 ………………… 20
　2.1　拉伸前关节活动度评估 …………………………… 20
　　2.1.1　运动术语 ………………………………………… 20

2.1.2　使用问卷调查表 ·· 30
　　2.1.3　使用主动活动评估表及相关技术 ···························· 31
　　2.1.4　使用被动活动评估表及相关技术 ···························· 47
　　2.1.5　评估时的注意事项 ·· 56
2.2　运动拉伸前的物料准备 ··· 57

第二部分　运动拉伸技术

3. 动态拉伸 ··· 62
　3.1　主动动态拉伸及协助动态拉伸 ·· 63
　　3.1.1　主动动态拉伸 ··· 63
　　3.1.2　协助动态拉伸 ··· 64
　　3.1.3　主动动态及协助动态拉伸的作用 ···························· 65
　　3.1.4　主动动态拉伸技术的注意事项 ······························· 66
　　3.1.5　协助动态拉伸技术的注意事项 ······························· 66
　3.2　主动动态拉伸及协助动态拉伸 ·· 67
　　3.2.1　仰卧位髋屈曲主动动态拉伸 ··································· 67
　　3.2.2　仰卧位髋屈曲协助动态拉伸 ··································· 68
　　3.2.3　侧卧位胸椎旋转主动动态拉伸 ································ 69
　　3.2.4　侧卧位胸椎旋转协助动态拉伸 ································ 70
　　3.2.5　俯卧位髋后伸主动动态拉伸 ··································· 71
　　3.2.6　俯卧位髋后伸协助动态拉伸 ··································· 71
　　3.2.7　90×90肩环绕主动动态拉伸 ·································· 72
　　3.2.8　90×90肩环绕协助动态拉伸 ·································· 74

3.2.9　90×90胸椎旋转主动动态拉伸 …………………………… 75
3.2.10　90×90胸椎旋转协助动态拉伸 ………………………… 76
3.2.11　90×90髋屈曲主动动态拉伸 …………………………… 77
3.2.12　90×90髋伸展主动动态拉伸 …………………………… 78
3.2.13　90×90髋伸展协助动态拉伸 …………………………… 79
3.2.14　跪姿髋伸展主动动态拉伸 ……………………………… 80
3.2.15　跪姿髋部三方向主动动态拉伸 ………………………… 81
3.2.16　跪姿胸椎旋转主动动态拉伸 …………………………… 82
3.2.17　跪姿胸椎旋转协助动态拉伸 …………………………… 83
3.2.18　四点支撑腿后肌群主动动态拉伸 ……………………… 84
3.2.19　四点支撑髋伸展主动动态拉伸 ………………………… 85
3.2.20　三点支撑髋伸展主动动态拉伸 ………………………… 86
3.2.21　侧弓步腿后肌群主动动态拉伸 ………………………… 87
3.2.22　侧弓步内收肌群主动动态拉伸 ………………………… 88
3.2.23　弓步姿躯干后仰主动动态拉伸 ………………………… 89
3.2.24　弓步姿躯干旋转主动动态拉伸 ………………………… 90
3.2.25　俯身后移腿后肌群主动动态拉伸（1） ………………… 91
3.2.26　俯身后移腿后肌群主动动态拉伸（2） ………………… 92
3.2.27　站姿躯干屈曲主动动态拉伸 …………………………… 93
3.2.28　站姿胸椎旋转主动动态拉伸 …………………………… 94
3.2.29　站姿胸椎旋转协助动态拉伸 …………………………… 95
3.2.30　上肢肌群协助动态拉伸（1） …………………………… 96
3.2.31　上肢肌群协助动态拉伸（2） …………………………… 97
3.2.32　上肢肌群协助动态拉伸（3） …………………………… 98
3.2.33　蹲姿肩屈曲主动动态拉伸 ……………………………… 99
3.2.34　蹲姿肩屈曲协助动态拉伸 ……………………………… 100

4. 被动静态拉伸 …………………………………… 102
   4.1 被动静态拉伸 ………………………………… 103
      4.1.1 被动静态拉伸 ……………………………… 103
      4.1.2 被动静态拉伸的作用 ……………………… 103
      4.1.3 被动静态拉伸的注意事项 ………………… 104
      4.1.4 被动静态拉伸技巧 ………………………… 104
   4.2 被动静态拉伸——仰卧位动作 ……………… 105
      4.2.1 颈部侧屈肌群被动静态拉伸（1）………… 105
      4.2.2 颈部侧屈肌群被动静态拉伸（2）………… 106
      4.2.3 颈部旋转肌群被动静态拉伸 ……………… 107
      4.2.4 肩内旋肌群被动静态拉伸 ………………… 109
      4.2.5 肩外旋肌群被动静态拉伸 ………………… 109
      4.2.6 前臂伸肌群被动静态拉伸 ………………… 111
      4.2.7 前臂旋后及伸展肌群静态拉伸 …………… 112
      4.2.8 前臂屈曲及旋前肌群被动静态拉伸 ……… 113
      4.2.9 手掌肌群被动静态拉伸 …………………… 115
      4.2.10 掌指间肌群被动静态拉伸（1）………… 115
      4.2.11 掌指间肌群被动静态拉伸（2）………… 117
      4.2.12 臀部肌群被动静态拉伸（1）…………… 119
      4.2.13 臀部肌群被动静态拉伸（2）…………… 120
      4.2.14 臀部肌群被动静态拉伸（3）…………… 121
      4.2.15 阔筋膜张肌被动静态拉伸（1）………… 122
      4.2.16 阔筋膜张肌被动静态拉伸（2）………… 124
      4.2.17 腘绳肌被动静态拉伸（1）……………… 125
      4.2.18 腘绳肌被动静态拉伸（2）……………… 126

  4.2.19 腘绳肌被动静态拉伸（3）……………………………… 128
  4.2.20 腘绳肌被动静态拉伸（4）……………………………… 129
  4.2.21 大腿内收肌群被动静态拉伸 …………………………… 130
  4.2.22 胫骨前肌被动静态拉伸 ………………………………… 131
  4.2.23 腓肠肌被动静态拉伸 …………………………………… 132
  4.2.24 腰部肌群被动静态拉伸（1）…………………………… 134
  4.2.25 腰部肌群被动静态拉伸（2）…………………………… 134
 4.3 被动静态拉伸——俯卧位 ……………………………………… 136
  4.3.1 股四头肌被动静态拉伸（1）…………………………… 136
  4.3.2 股四头肌被动静态拉伸（2）…………………………… 137
  4.3.3 髋外旋肌群被动静态拉伸 ……………………………… 138
 4.4 被动静态拉伸——侧卧位 ……………………………………… 139
  4.4.1 胸大肌中束被动静态拉伸 ……………………………… 139
  4.4.2 胸大肌下束被动静态拉伸 ……………………………… 140
  4.4.3 三角肌前束被动静态拉伸 ……………………………… 140
  4.4.4 肱二头肌被动静态拉伸 ………………………………… 142
  4.4.5 肱三头肌被动静态拉伸 ………………………………… 144
  4.4.6 腘绳肌被动静态拉伸 …………………………………… 145
  4.4.7 臀部肌群被动静态拉伸 ………………………………… 146
  4.4.8 髋屈曲肌群被动静态拉伸 ……………………………… 147
  4.4.9 阔筋膜张肌被动静态拉伸 ……………………………… 148
 4.5 被动静态拉伸-坐姿位 …………………………………………… 149
  4.5.1 胸椎旋转肌群被动静态拉伸 …………………………… 149
  4.5.2 腰方肌被动静态拉伸 …………………………………… 150
  4.5.3 背阔肌被动静态拉伸 …………………………………… 151

5. 主动关节辅助拉伸 …… 154

5.1 主动关节辅助拉伸信息 …… 155
- 5.1.1 主动关节辅助拉伸 …… 155
- 5.1.2 主动关节辅助拉伸的作用 …… 155
- 5.1.3 主动关节辅助拉伸的注意事项 …… 157
- 5.1.4 主动关节辅助拉伸应用相关技术 …… 158

5.2 上肢主动关节辅助拉伸技术内容 …… 159
- 5.2.1 站姿肩环绕辅助拉伸 …… 159
- 5.2.2 跪姿支撑肩屈伸辅助拉伸 …… 160
- 5.2.3 坐姿肩后伸辅助拉伸 …… 161
- 5.2.4 跪姿支撑腕伸展辅助拉伸 …… 162
- 5.2.5 仰卧肩外旋辅助拉伸 …… 163
- 5.2.6 仰卧肩内旋辅助拉伸 …… 164

5.3 下肢关节辅助拉伸技术内容 …… 165
- 5.3.1 弓步髋伸展辅助拉伸（1）…… 165
- 5.3.2 弓步髋伸展辅助拉伸（2）…… 167
- 5.3.3 高箱弓步髋伸展辅助拉伸 …… 168
- 5.3.4 弓步髋内收辅助拉伸 …… 168
- 5.3.5 仰卧直膝髋屈曲辅助拉伸 …… 169
- 5.3.6 仰卧屈膝髋屈曲辅助拉伸 …… 170
- 5.3.7 仰卧盘腿髋屈曲辅助拉伸 …… 171
- 5.3.8 俯卧盘腿髋屈曲辅助拉伸 …… 172
- 5.3.9 侧弓步髋外展辅助拉伸 …… 173
- 5.3.10 弓步踝背屈辅助拉伸（1）…… 175
- 5.3.11 弓步踝背屈辅助拉伸（2）…… 176

6. 被动关节牵引 …………………………………………… 178
　6.1 被动关节牵引信息 …………………………………… 179
　　6.1.1 被动关节牵引 ……………………………………… 179
　　6.1.2 被动关节牵引的作用 ……………………………… 179
　　6.1.3 被动关节牵引的注意事项 ………………………… 180
　6.2 上肢被动关节牵引技术内容 ………………………… 180
　　6.2.1 仰卧位颈部被动牵引（毛巾）……………………… 180
　　6.2.2 仰卧位135度肩关节被动牵引 …………………… 181
　　6.2.3 仰卧位拉伸带135度肩关节被动牵引 …………… 182
　　6.2.4 仰卧位45度肩关节被动牵引 ……………………… 183
　　6.2.5 仰卧位拉伸带45度肩关节被动牵引 ……………… 184
　　6.2.6 俯卧位肩关节被动牵引 …………………………… 185
　　6.2.7 坐姿拉伸带肩关节前屈牵引 ……………………… 186
　6.3 下肢被动关节牵引技术内容 ………………………… 187
　　6.3.1 仰卧位45度髋关节被动牵引 ……………………… 187
　　6.3.2 仰卧位拉伸带45度髋关节被动牵引 ……………… 188
　　6.3.3 俯卧位髋关节被动牵引 …………………………… 188
　　6.3.4 仰卧位拉伸带90度髋屈曲被动牵引（1）………… 189
　　6.3.5 仰卧位拉伸带90度髋屈曲被动牵引（2）………… 190
　　6.3.6 仰卧位拉伸带90度髋外旋被动牵引 ……………… 191
　　6.3.7 仰卧位拉伸带90度髋内旋被动牵引 ……………… 193
　　6.3.8 仰卧位脚踝被动牵引 ……………………………… 194

7. 精准拉伸组合方案 ……………………………………… 196
　7.1 胸椎旋转活动度改善 ………………………………… 196

7.2 肩部旋转活动度改善 …………………………… 198
7.3 肩部灵活性改善 ………………………………… 199
7.4 髋关节灵活性改善 ……………………………… 201
7.5 脚踝灵活性改善 ………………………………… 202
7.6 久坐腰背疼痛 …………………………………… 203
7.7 肩颈部疼痛 ……………………………………… 204
7.8 髋关节弹响 ……………………………………… 205
7.9 肩峰撞击综合征改善 …………………………… 207
7.10 网球肘被动拉伸方案 ………………………… 208
7.11 "鼠标手"被动拉伸方案 ……………………… 209
7.12 上交叉综合征改善 …………………………… 211
7.13 下交叉综合征被动拉伸 ……………………… 213
7.14 跑步爱好者拉伸方案 ………………………… 215
7.15 篮球运动员拉伸方案 ………………………… 218
7.16 足球运动员拉伸方案 ………………………… 221
7.17 网球运动员拉伸方案 ………………………… 223
7.18 竞技体操运动员拉伸方案 …………………… 225
7.19 体能训练前拉伸方案 ………………………… 227
7.20 体能训练后被动拉伸方案 …………………… 230

附录一 拉伸训练前主动评估表 ……………………… 234
附录二 拉伸训练前被动评估表 ……………………… 235

参考文献 ………………………………………………… 236

看视频学拉伸

第一部分 运动拉伸前的准备

POINT 01 拉伸基础知识

- 关节活动度相关信息
- 拉伸的效果
- 拉伸的元素与技术分类

POINT 02 拉伸前关节活动度评估及注意事项

- 拉伸前关节活动度评估
- 运动拉伸前的物料准备

第一部分 运动拉伸前的准备
1. 拉伸基础知识

1. 拉伸基础知识

现代人的生活状态，自求学期间开始，日常的生活已经被椅子"绑住"：减少的体育活动时间，放学回家后的家庭作业与补习班，休息放松时选择的网络游戏等。人体在发育过程中，减少了肌肉的拉扯活动会对骨骼、肌肉、筋膜发育有影响，并降低人体的活动能力，缩小关节活动范围。进入职场后，工作中坐着、休闲中坐着、休息中躺着的时间明显增加了。要改善这个问题，积极参与运动很重要，运动拉伸是必不可少的一个环节。

这里列举一些实施运动拉伸的理由：
- 维持肌肉正常功能。
- 缓解由于肌肉过度紧张引起的疼痛。
- 减缓肌肉痉挛。
- 维持或增加关节活动幅度。
- 加速肌肉损伤后的修复。
- 矫正身体不良姿态。
- 减少疤痕组织的生成。
- 改善因关节位置不正确引发的疼痛。
- 创造新的关节运动间隙。
- 在心理方面带来正面的影响，比如高强度工作后，协助心理放松，维持积极主动的心态，提升舒适感。

1.1 关节活动度相关信息

关节活动度或运动范围经常与柔韧性关联在一起，一般是：身体能伸展、弯曲和扭转的程度。专业教练及生理学家古莫森将一般定义扩展成以下描述：单一关节或一群关节在有同伴或器材的协助之下，瞬间可达到的活动范围极限。柔软度是软组织所具备的正常延展性，能够实现全范围的关节活动（Range of Motion，ROM）和在所有功能性动作中的最佳神经肌肉效率。高效的人体动作需要最佳水平的柔软度。

灵活度指关节内的活动范围：两块骨头相遇的区域（称为关节）在受到周围组织（如肌腱、肌肉和韧带）的限制之前，允许移动的范围。也可把灵活度想象成关节周围不受约束的运动范围。虽然柔软度（Flexbility）和灵活度（Mobility）听起来很相似，但它们是不可互换的。后文中会更准确对两者定义及影响因素进行列举。

1.1.1　柔软度

柔软度是指关节的可移动范围，柔软度的测量我们以静态被动的关节活动范围为主，其主要的限制是来自于肌肉与关节韧带在放松状态下的长度限制，也就是解剖因素的部分。影响柔软度的表现有很多，我们主要将它简化为下列几项，并逐一解释。

（1）关节结构

关节是骨和骨的连接处，由结缔组织完成连接。透过活动程度可以分为3个大类：不动关节（纤维关节）、微动关节（软骨关节）和活动关节（滑膜关节）。

- 不动关节（纤维关节）：骨和骨之间以结缔组织连接，不可移动，如颅骨。
- 微动关节（软骨关节）：骨和骨之间以软骨相连接，容许轻微移动，如脊柱。
- 活动关节（滑膜关节）：关节处有滑液腔，滑液腔中有滑液，外层有滑膜。滑液可以减少关节活动时产生的摩擦，并减缓两侧骨头的撞击，如肘关节及膝关节等。

另外，关节活动范围也会受关节面积、关节囊、韧带及骨结构的影响。

- 关节面积：构成关节的两个关节面其面积的差值越大，产生的活动范围越大。
- 关节囊的厚薄与松紧程度：关节囊薄而松弛则关节灵活、运动幅度大，但稳固性差；关节囊厚而紧则关节灵活性差、运动幅度小，但稳固性高。
- 关节韧带的多少与强弱：关节韧带多而强则关节稳固，但运动幅度小，关节灵活性差；关节韧带少而弱则运动幅度大，关节也更灵活，但稳固性差。

第一部分 运动拉伸前的准备

1. 拉伸基础知识

● 关节周围的骨结构：关节周围有骨突起，就会阻碍关节的活动，从而影响其灵活性及运动幅度。

不同的关节结构及关节之间的顺滑程度，也会决定关节的活动范围。像球窝关节（肩及髋关节）具有大于其他关节的活动度，而且具有平面的活动能力。鞍状关节（手腕及脚踝关节）在一个平面上具有较大的活动度，并能参与第二平面的轻微活动。腕关节能执行屈伸，而且同时能执行尺侧偏移或桡侧偏移。膝及肘关节只能进行单平面的活动。

（2）年龄

儿童及少年的软组织内水分较多，弹性较好，所以关节的运动幅度大。随着年龄的增长，软组织内的水分减少，弹性下降，关节的运动幅度也逐渐下降。老年人因为肌肉量的快速减少，结缔组织取代肌肉纤维，因此在活动量较少的老年人身上活动范围缩小是常见的状态。

（3）性别

女性软组织内的水分和脂肪较多，所以弹性一般比男性好，关节的运动幅度也较大。女性的生理周期及怀孕也会影响关节的活动程度。在怀孕期间，女性身体处于不断变化的状态，以适应胎儿成长，这涉及荷尔蒙变化、姿态变化、血容量变化及心输出量变化等。促进形体改变的主要激素是松弛素，它的作用是软化并让身体的韧带伸展。体内松弛素的含量在怀孕的两个时间点达到峰值；一个在分娩前大约14天，另一个在分娩前（允许必需的韧带松弛，让婴儿通过骨盆）。此外，女性运动员的前十字韧带损伤概率高于男性，通过研究发现，损伤的时间点通常都是在女性月经周期雌激素分泌较高的时候。因此教练为女性锻炼者进行拉伸时，需要了解对方的生理周期，以减少伤害。

（4）训练水平

运动水平高的人，关节灵活度与运动幅度一般都较高。平时经常活动的人，柔软度一般也会大于不活动的人。因此，不论男性或女性的身体运动课程，设计上都建议加上阻力训练内容。

（5）肌肉与结缔组织

肌外膜是一个纤维性的结缔组织，包覆在肌肉外层，肌外膜在肌肉两端与肌腱连接，而肌腱附着在骨膜上。因此肌肉的收缩会牵动肌外膜与肌腱，带动骨骼移动。肌纤维是长的圆柱状细胞，具有多个细胞核，在被放大的情况下可见横纹，肌外膜下肌纤维一束一束被肌内膜包覆成肌束，如图1.1。

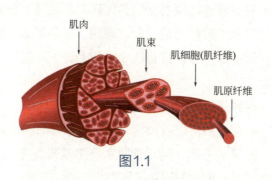

图1.1

肌肉透过收缩产生力带动骨骼移动，对于肌肉收缩产生的模式，目前最为流行的是肌丝滑动理论。在肌纤维里，有着两种能够使肌肉产生收缩能力的肌丝，分别是肌动蛋白与肌凝蛋白。肌凝蛋白由一个铰链点、一个黏合点、一个纤维性的尾巴组成。肌动蛋白则是由一个双股螺旋的蛋白组成。肌动蛋白与肌凝蛋白为肌肉收缩的最小单位，被称为肌节。有研究人员在有肌肉疼痛问题的患者身上获取的组织切片中发现，肌肉有很多收缩结节，也就是肌肉一直处于细小的收缩状态。在神经肌肉电信号的研究中则发现，肌肉电信号紊乱，与一般肌肉相比一直处于有活化噪声的状态。这种状态促使肌肉纤维收缩，产生收缩结节，影响关节柔软度，进而影响肌肉张力，甚至是肌肉力量的输出表现。

第一部分 运动拉伸前的准备

1. 拉伸基础知识

（6）筋膜

筋膜渗透于肌肉、骨骼、肌腱、韧带乃至器官之间。筋膜按照分布位置可以分为四种：浅筋膜、深筋膜、脑膜及内脏筋膜。筋膜本身是由一部分细胞与细胞外基质构成的，而细胞外基质本身是大量的胶原蛋白、弹性蛋白纤维与水分。

筋膜疼痛症候群的特点是局部筋膜疼痛，通常具有激发点，若触及此激发点则可引起典型的转移痛。筋膜疼痛症常表现在颈、肩及背部，尽管筋膜疼痛可涉及全身上、下、左、右的广泛痛点，然而颈部、肩部、背部疼痛却是临床最常见的，而且疼痛程度最显著。筋膜疼痛症候群会持久阻碍血液循环，容易引发肌肉的肥厚增生或使肌肉收缩形成条索状硬块，甚至萎缩。筋膜及韧带也同样受累，致使作用在脊椎骨的牵拉应力过大，最后导致颈椎骨、椎间盘病变。

导致筋膜疼痛症候群的原因有以下几个。

- 慢性肌肉过度负荷：使机械张力增加，造成筋膜过度负荷。
- 姿势不良：容易让肌肉产生过度负荷，进而产生疼痛，错误的体态，会造成筋膜牵拉张力不均衡。
- 外伤：外伤会引起脊椎旁小肌肉因不正常张力而产生疼痛。
- 局部营养不良：维生素C缺失。
- 血液方面问题：以缺血为常见因素，主要为缺乏维生素B12、维生素B6与叶酸。因此出现忧郁、无力、焦躁、紧张等状况，容易引发肌筋膜疼痛。
- 代谢与内分泌问题：以甲状腺分泌不足与低血糖关联性最强。甲状腺素分泌影响ATP（三磷酸腺苷）的形成，造成肌肉能量危机；低血糖使交感神经兴奋，血管壁收缩，血液供给降低。
- 药物副作用：有正向帮助的药物如黄嘌呤、咖啡因等；麻黄素、部分抗忧郁药物及类固醇等，因不同药理会对组织造成不同的影响，也会引发筋膜疼痛。

- 睡眠质量不佳。

筋膜疼痛症的相关研究也在不断进行中，比较常用的假定是一开始时肌肉可能因为受伤，或是长期保持静态姿势造成缩短现象。过度缩短的肌肉会减少局部区域的血液循环，而缩短的肌肉也会同时消耗到环境中的能量。缺乏能量的组织会释放出神经兴奋物质，造成局部区域的痛觉敏感化，也会促使神经释出大量活化信号，造成肌肉不自主收缩。这样会更进一步消耗环境中的能量与营养，而进入肌肉不断缩紧的恶性循环状态。因此针对筋膜疼痛症处理手法的主要目的在于破除恶性循环，减低肌肉自主激活的现象。运动拉伸能有效调整筋膜状态，避免筋膜疼痛症候群出现，从而预防疼痛及骨骼的病变问题。

1.1.2　灵活度

灵活度（Mobility）是一种动态的柔软度，是指在运动中关节及附近肌肉自主控制的活动范围。一般来说灵活度会稍低于柔软度。影响灵活度的因素除了关节活动幅度外，还包含动作质量。因此提升灵活度的训练不但需要进行运动拉伸，还需要进行一些技巧性的练习。人体的动作控制由以下三个要素构成：前馈控制、反馈控制和本体感觉。在训练中如果教练加上主动的动作，就会利用到这三者来进行身体的调整。

动作控制主要有以下三个要素。

- 前馈控制：前馈控制是周边与大脑之间的一个提前预警系统，主要功能是在意识尚未做出反应之前对于环境变化做出预警并采取行动。在一些研究中发现人体在动作之前深层核心会提前产生反应。而这种深层的核心肌肉提前收缩的现象能帮助人体在动作过程中维持稳定，加大动作的范围，但是患有疼痛或姿势不良的人，核心提前收缩有减少的趋势。对于灵活度受限的锻炼者，其前馈控制训练是一个很重要的项目。
- 反馈控制：反馈控制通常用于修正动作，当人体执行运动时周边的肢体会透过

第一部分 运动拉伸前的准备

1. 拉伸基础知识

神经传输回动作感觉，小脑接受信号后会修正动作，包含改变肌肉长度、机械张力等。

● **本体感受器**：人体之中有着很多的感受器，它们能透过动作控制系统进行协调。在拉伸的过程中，人体便是透过动作反馈的系统辅助大脑理解肌肉应该处于怎样的张力状态。因此教练要理解拉伸中使用哪些感受器才能有效协助拉伸功效。

高尔基腱器（Golgi tendon organ）：位于肌腱中，靠近肌肉与肌腱的连接处，与梭外肌纤维串联在一起，也就是末端连接着末端。当肌肉内的张力增加时，高尔基腱器的放电也会增加，其中的感觉神经元会与脊柱中的抑制性中间神经元产生连接，接着与运动神经元连接，进而抑制支配着相同肌纤维的运动神经元，这会导致肌肉与肌腱中的张力下降。高尔基腱器的抑制性反应被认为可以在肌肉过度产生张力时提供保护。因此，教练可以利用锻炼者主动对抗来达到放松肌肉的效果。

肌梭（muscle spindle）：由数个特化肌纤维组成，存在于结缔组织的鞘内。这些特化的肌纤维被称为梭内肌纤维（intrafusal fiber），其走向与梭外肌纤维（extrafusal fiber）平行。肌梭提供关于肌肉长度及肌肉长度改变速率的信息。当肌肉变长时，肌梭会伸展，形状的改变会活化肌梭的感觉神经元，然后传送神经冲动至脊柱，导致支配着相同肌纤维的运动神经元活化。这个活化反应能保护作用肌本身，不会因为长度快速拉扯变化造成伤害。因此肌梭可以指出肌肉需要被活化的程度。当外在负荷增加时，肌肉的伸展程度更大，肌梭的参与会导致更大的肌肉活化（同时为了对作用肌产生保护，这个反射的行为也会透过脊髓抑制肌肉的张力。因此在拉伸时我们也能利用此方法帮助放松肌肉，这个方式又被称为交互抑制。）

帕奇尼小体：帕奇尼小体为有背膜包覆的感受器，分布于较深的皮肤真皮层，由同心圆状的上皮细胞构成，主要作用于快速的感觉刺激。在关节里目前可以知道的便是关节周边的感受器帕奇尼小体也占了很大的一部分。一般在做关节相关拉伸技术时便是刺激此类感受器。因此我们会在关节发出滑动与响声的时候感到放松。

1.1.3 提升身体灵活度

（1）灵活度需要稳定的身体中轴

灵活度需要稳定的身体中轴，只有中轴在足够稳定的情况下，才能够安全增加活动范围，在一些主动灵活度提升的计划之中（比如主动动态拉伸会包含一些核心活动的训练），完整的灵活度与核心训练需要多个方面的协调配合，因此在训练时要特别注意以下几点。

- 足够的腹部张力：人体在站姿与坐姿时必须要维持 20% 的腹部收紧用力感觉，如果加上动态负荷则腹部必须要有更大的用力，从而维持脊椎稳固。人体的腹部肌肉除了维持核心稳定之外，还具有传递上下肢力量的作用。要提升灵活度，必须先进行全身稳固中立的练习，帮助找到身体的中立姿势，并协助确保动作的标准性。

- 稳固的推拉动作：人体运动时，身体的动作可简单区分为推与拉。中轴稳固的身体让肢体进行推与拉是活动的基础。在考虑损伤预防的时候，教练必须在训练的过程中加上稳定动作，从而减少身体因额外负重而产生的受伤。

- 全身性的屈伸活动：日常大部分的运动都是全身性的，并且上、下肢共同参与。例如行走与慢跑、足球与篮球等。教练必须教导锻炼者控制张力协调性，帮助锻炼者提升运动效率并避免伤害。

（2）灵活度需要良好的动作控制系统

人体的所有运动都受动作控制系统掌控。动作控制系统可以粗略分为开放式动作回路与封闭式动作回路。

- 开放式动作回路：分为四个阶段，信息输入，执行系统，受动器系统，动作输

第一部分 运动拉伸前的准备

1. 拉伸基础知识

出。动作过程中人体先是接受到周边环境的信息，经过评估后再决定采取动作（使用的肌群、力量、角度），最后表现出运动的形式，如图1.2。

图1.2

● 封闭式动作回路：透过感觉系统，介入受动器系统中达到修正或预判的效果，如图1.3。比如在执行系统中大脑会主动辨别刺激来选择发出的反应，利用外在感官系统影响动作的选择与预处理的计划，比如脑神经中的听觉（听神经）与视觉（视神经）可以影响大脑对于主动平衡的调整，帮助启动核心稳定肌肉，或产生预先收缩保护自己，甚至会增强对于周边的感受用以调控大脑的信息输入。而受动器方面的系统则透过肢体感受反馈控制。透过肢体中的感受器传递信息，产生脊髓反射或脑部动作调控，修正重复或缓慢的动作。

● 动作回路与反应系统：封闭式回路中有两个很重要的反应系统，分别是位于执行系统的前馈控制系统，与位于受动器系统的反馈系统。这两个系统一个感觉外在环境，另一个反馈内在的运动感受。执行系统感受的感官有视觉、听觉，或者是与地板摩擦的力量感等。大脑将会透过这些信息协助演算出动作信号，产生前馈控制或是动作预测的反应。比如人体执行前弯测试时，身体在动作前已经预测到会失去平衡，因此核心会提前收紧。而动作预测的例子如看到球落地后，人体会不由自主演算思考球的弹射方向，并做出反馈如何拿着拍子在经验的配合下才能打得到球。而反馈控制则用于修正重复性的动作，或是教练可以利用反馈系统，输入周边感官信号，帮助修正动作。人体在运动中，肌肉、肌腱与肢体会产生很多因动作而造成的信息，而这些受动器系统上的感官会传讯给脊髓或小脑，非自主产生修正反应。

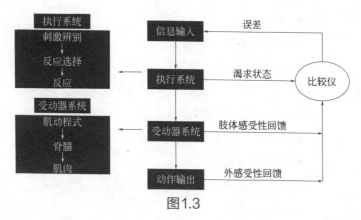

图1.3

1.2 拉伸的效果

在拉伸的过程中拉伸的张力将会使部分组织产生改变，影响的目标取决于拉伸的方式、拉伸的力量与持续时间。为了了解不同拉伸的类型与成效因素，可将拉伸分为以下四个技术，并透过拉伸的方式、针对的目标来进行理解与规划。教练首先要理解机械拉扯的力量对于组织的影响以及意义。

1.2.1 拉伸对筋膜的影响

筋膜是一个连续性的结构，也就是说筋膜的存在造就了肌肉与骨骼关节的联动。

第一部分 运动拉伸前的准备

1. 拉伸基础知识

1. 拉伸基础知识

浅层筋膜分布在皮肤真皮层之下，深层筋膜覆盖在肌肉上，内脏筋膜层负责包覆器官。浅层筋膜在深层筋膜之上可以自由滑动，而这些筋膜组织在肌肉中扮演着连接、包覆、分隔的角色。如果缺乏拉扯的力量，筋膜将会失去弹性。失去弹性的形式有两种，失去水分或是在异常张力的信号下导致增厚或破损。

筋膜结缔组织的功能：
- 使组织器官维持一定的形态。
- 将不同的组织连接在一起。
- 组织运动过程的功能。
- 提供灵活性来减少组织之间的张力。
- 减少组织之间的摩擦力。
- 在肌肉放松时维持肌肉张力。
- 储存弹性势能。
- 帮助组织在运动过程中恢复原来的形态。
- 保护组织。

1.2.2 拉伸对肌腱的影响

肌腱由一束胶原纤维组成，主要的功能是连接肌肉与骨骼，外层有筋膜包覆。健康的肌腱其胶原蛋白的排列形式多为互相平行，肌腱的长度因人而异，在没有受伤的状况下多取决于遗传，但是在伤后肌腱健康程度取决于重塑期拉伸是否完善。肌腱纤维在静止时呈波浪形，并会在拉伸过程中伸直。如果拉伸强度大于肌腱承受能力，肌腱会受到微小的创伤，并无法恢复到原来的长度。不健康的肌腱很容易因为猛烈的运动而撕裂或断裂，即使拉伸不到其长度的1%。虽然有研究表明，肌腱可以在恒定的拉力下拉伸到其休息长度的20%，但是肌腱的弹力特性在保持其充分拉伸情况下，只允许2%左右的延长。健康的肌腱可以承受相当大的拉伸力（50～100N/mm^2）。直径约100mm^{2}的健康跟腱能承受1000kg的负荷，肌腱比骨头更强壮、更耐用。

与肌腱相比，肌腱连接处的可拉伸性更高，其可伸展至静止长度的8%。然而在肌肉-肌腱系统中，连接处也是最容易受到损伤的。在肌腱断裂前撕裂的区域便是肌腱与骨的附着部位，撕裂通常是突然和过度密集加载活动的结果。撕脱性骨折常见于年轻人，其强壮及健康的肌腱和肌肉-肌腱连接处，能抵抗撕裂并将应力传递到骨骼上。老年人肌腱的弹性会更小，肌腱在强烈的载荷下更有可能撕裂或断裂。

1.2.3　拉伸对关节韧带的影响

关节韧带由胶原蛋白和弹性纤维组成。韧带中纤维的数量会因关节活动度而有所不同。在大多数情况下，韧带中具有较多的胶原蛋白，但也有例外，包括椎弓根（黄韧带）和项韧带之间的韧带，后者主要由弹性纤维组成。韧带在形态上与肌腱类似，但纤维组织更不规则。此外，韧带中的胶原纤维更薄，更有弹性，使韧带比肌腱更灵活。弹性纤维在发生断裂前可伸展至正常长度的150%。随着年龄的增加，不但弹性纤维与胶原蛋白比例有所变化（弹性纤维减少，胶原纤维增加），韧带结构也会变化。由于矿物质和钙沉积渗入纤维之间，硬度的增加限制了移动性。与弹性组织相比，刚性组织在承受压力、对抗拉扯时更容易撕裂，增加了创伤的风险。

1.2.4　拉伸对神经的影响

对于神经组织来说，它更不能承受拉伸所产生的力量。神经的结构可以承受拉伸至超过其安静长度的5%。超过此长度就会开始对组织有影响，超过10%会有结构性影响，超过30%则会断裂。要注意的是神经断裂所造成的影响并不是只有断裂处，

第一部分 运动拉伸前的准备
1. 拉伸基础知识

而是会扩散到神经所掌管的区域。神经在安静休息姿势时会处于较放松的状态,因此神经具有一定的弹性并可以承受轻微拉伸。在挤压、神经炎、神经结构异常等情况下,神经所能承受的张力会大大降低,在锻炼者有以上情况时进行运动拉伸需要特别注意。

1.2.5 拉伸对动作控制系统的影响

神经肌肉系统主要的功能是调节肌肉的张力。在运动的同时产生调整与控制,在静止的同时产生静态肌肉张力。在神经肌肉系统中本体感受器占有重要的地位,其中肌梭与高尔肌腱器负责将肌肉长度与关节位置信息传递给中枢系统,在肌肉张力的刺激下这些感受器将得到信息。除此之外,本体感觉还包含其他的感官信息,如视觉、听觉等,这些感官透过中枢神经系统自主控制调整肌肉张力,这个系统在运动过程中的作用如图1.4所示。

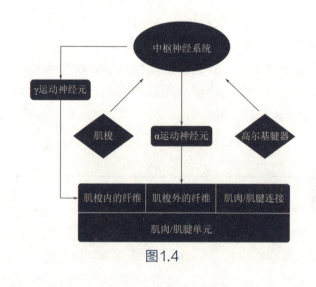

图1.4

1.3 拉伸的元素与技术分类

1.3.1 拉伸元素

- 主动拉伸：在拉伸的过程中不需要借用外力，通过主动肌的动作产生活动范围，此活动范围通常取决于被拉伸肌肉的长度，或主动肌的肌肉力量。主动拉伸通常用于维持肌肉的正常活动能力，而被动拉伸等则可以增加关节活动范围。
- 被动拉伸：对于锻炼者来说较为舒适的方法是在拉伸过程中介入外力。外力来自教练、滑轮、弹力绳或重量等。在拉伸的过程中锻炼者通常不需主动参与拉伸。
- 动态拉伸：是指肌肉向被拉伸的方向活动，并在达到关节活动末端时返回，重复多次，并逐步增加活动范围，使目标组织拉长。目前已知的可能原理为感觉神经元在运动过程中，因刺激了动作受器的感觉器官，抑制了疼痛信号（图1.5）在操作时可以选择以稳定缓慢的速度执行，或是在拉伸到关节活动末端前加速执行拉伸力更大的弹震式拉伸，过程中拉伸的力量可以是主动的也可以是被动的，比如使用壶铃、棒铃或是由教练给予拉伸力量辅助。

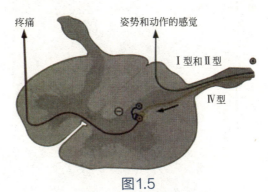

图1.5

Ⅰ型——鲁菲尼小体；Ⅱ型——帕奇尼小体；Ⅳ型——感觉神经元
注：Ⅲ没有参与疼痛阈控制。

- 静态拉伸：将肢体摆放到关节活动范围的末端并维持数秒，重复执行直到目标肌群放松。此拉伸需要较长的时间，且往往不会产生较为有效的拉伸效果。

1.3.2 拉伸技术

根据不同的元素组合，可以将拉伸分为以下几个形式。

- 主动静态拉伸：锻炼者自主将关节置于活动范围最大处并维持数秒，活动范围较小。
- 主动动态拉伸：锻炼者自主进行动态拉伸或弹震式拉伸，运动员常用。
- PNF 拉伸：利用肌肉肌腱感受器辅助进行拉伸，教练提供对抗力量，锻炼者参与等长及等张收缩。
- 被动动态辅助拉伸：在被动动态拉伸的基础上，产生拮抗弹震，促使肌肉与肌腱反应。
- 被动静态拉伸：教练对锻炼者直接施以拉伸并维持数秒。
- 被动动态拉伸：多用于自主活动较弱的人或用以增加肌肉反应。

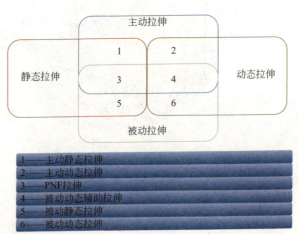

1——主动静态拉伸
2——主动动态拉伸
3——PNF拉伸
4——被动动态辅助拉伸
5——被动静态拉伸
6——被动动态拉伸

1.3.3　PNF 拉伸技术

由于 PNF 拉伸结合了主动及被动的元素，它可以再分为以下 3 种拉伸技术。

（1）主动收缩拉伸

锻炼者在拉伸时主动产生动作，教练的辅助用来增加拉伸活动的范围。这种拉伸通常用于增加关节活动范围。其作用原理为交互抑制，是一种神经肌肉自我控制的机制，透过Ⅰa神经互相调控。主动肌的肌肉收缩信号导致肌肉收缩的同时拉伸动作肌的肌梭，动作肌的肌梭接收到信号传输回脊髓，导致脊髓发出抑制信号，减低拮抗肌的信号输出，其实这个动作信号的目的是减少拮抗肌的肌肉信号，避免产生伤害，如图 1.6。

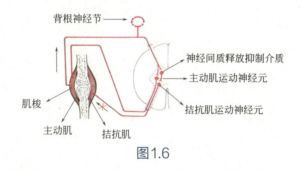

图 1.6

（2）主动拮抗拉伸

教练将被拉伸目标肌群置于拉长摆位，并使被拉伸者产生肌肉收缩拮抗，在拮抗一段时间后放松。此放松方法利用了收缩后放松的原理。在主动肌的肌腱上高尔肌腱器在肌肉长时间处于拉长摆位时，因肌肉收缩拮抗产生肌腱的拉扯，通过Ⅰb神经传递回脊髓，由脊髓传递出抑制信号，解除主动肌的肌肉张力，如图 1.7。

- 主动收缩与主动拮抗拉伸

在主动收缩拉伸的基础上，除了利用肌梭的交互抑制外，附加高尔肌腱器，在收缩后放松自主抑制的效果，以增加整体肢段的活动范围与能力。一般来说教练会在使用完此技术后加上被动拉伸。

第一部分
运动拉伸前的准备

1. 拉伸基础知识

1. 拉伸基础知识

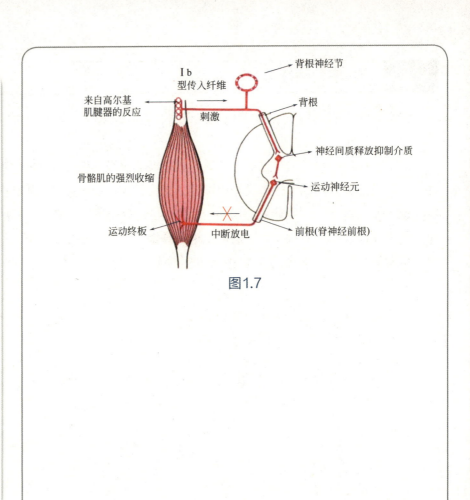

图1.7

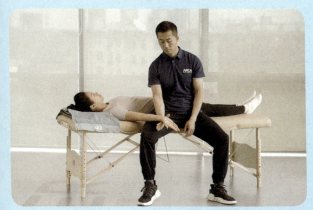

2. 拉伸前关节活动度评估及注意事项

2.1 拉伸前关节活动度评估

2.1.1 运动术语

图2.1是人体中立位下的解剖位置,身体的解剖面可分为矢状面、额状面及水平面。

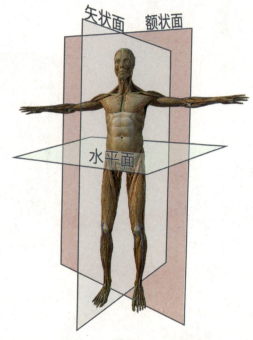

图2.1

- 矢状面:将身体分为左、右,一般屈曲和伸展的运动发生在矢状面上。
- 额状面:将身体分为前、后,几乎所有的外展和内收运动发生在额状面上。

● 水平面：将身体分为上、下，几乎所有的旋转运动，如肩关节和髋关节的内旋和外旋与躯干的旋转都发生在水平面上。

在进行运动拉伸前，教练需要进行系统性关节评估，了解锻炼者（由初期锻炼者进入系统性训练的人群）各关节的活动情况，发现哪些关节活动幅度受限，从而设计安排一个有针对性的拉伸方案。因此了解各关节的动作及其名称，能统一表达方法，方便教练员互相沟通定制拉伸方案，如图2.2～图2.9。

图2.2

第一部分 运动拉伸前的准备

2. 拉伸前关节活动度评估及注意事项

肩部屈曲

肩部伸展

肩部外展

肩部内收

肩部外旋

肩部内旋

图2.3

肘关节伸直

肘关节屈曲

图2.4

第一部分 运动拉伸前的准备

2. 拉伸前关节活动度评估及注意事项

前臂旋前　　　　前臂旋后

图2.4

腕关节屈曲　　　　腕关节伸直

尺侧偏移

桡侧偏移

图2.5

躯干旋转

躯干侧弯

图2.6

2. 拉伸前关节活动度评估及注意事项

躯干屈曲　　　　躯干伸直

图2.6

髋关节外展　　　　髋关节内收

髋关节屈曲

髋关节伸直

髋关节内旋

髋关节外旋

图2.7

2. 拉伸前关节活动度评估及注意事项

膝关节屈曲

膝关节伸直

图2.8

踝关节背屈

踝关节跖屈

踝关节内收

踝关节外展

踝关节内翻

踝关节外翻

图2.9

第一部分 运动拉伸前的准备

2. 拉伸前关节活动度评估及注意事项

2. 拉伸前关节活动度评估及注意事项

2.1.2 使用问卷调查表

运动拉伸前的系统性评估能让教练获取锻炼者的身体信息，从而设计一套有效的运动拉伸解决方案。系统的评估应该包括问卷调查、主动关节活动评估及被动关节活动评估。

问卷调查表除日常健康问题筛查外，还附有待标记的全身解剖图，包括身体前后侧，左右侧视图（表2.1）。如果锻炼者某处存在疼痛，可以以圈记录疼痛的位置；如果局部存在手术后伤疤等，就在图上使用字母 × 来标记位置。在为每一位锻炼者进行运动拉伸前，教练都应与其进行简短沟通及填写问卷调查，其最重要的目的是确定教练所拥有的专业能力是否能帮助到锻炼者。

表2.1　拉伸训练问卷调查

拉伸训练问卷调查			
姓名		性别	
电子邮箱		联系电话	
为了您的安全，请回答您是否存在以下问题		有（或不清楚）	没有
骨质疏松			
关节不稳定			
血管疾病			
颈椎病			
伤急损伤			
伸展时有强烈痛感			
肌肉或关节炎症			
其他			

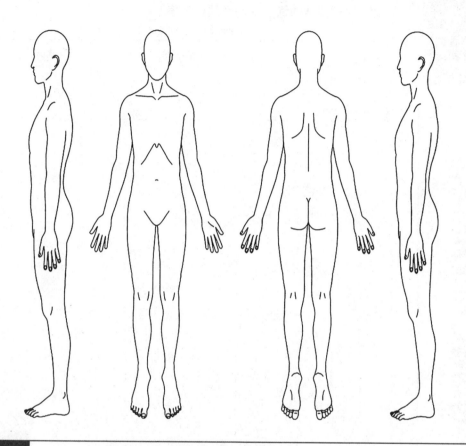

2.1.3　使用主动活动评估表及相关技术

通过问卷调查评估风险后,如果无需转介医生及物理治疗师,教练可以进行运动拉伸前的主动活动评估,了解锻炼者目前主动状况下的活动障碍。主动活动评估表(表2.2)用于评估锻炼者主动的动作幅度是否达到标准。评估评分有3个选项,如果达到目标活动幅度为"正常"(Normal-N);如果达不到目标活动幅度为"功能缺失"(Dysfunction-D);如果动作过程中有疼痛,添加"疼痛"(Pain-P)选项。

第一部分 运动拉伸前的准备

2. 拉伸前关节活动度评估及注意事项

表2.2 拉伸训练前主动活动评估表

拉伸训练前主动活动评估表

姓名：   拉伸教练：   评估日期：

身体健康备注：

评估后建议：

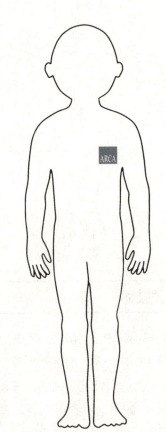

1. 颈椎屈曲   N   D   P
2. 颈椎伸展   N   D   P
3. 颈椎侧屈   (L) N D P / (R) N D P
4. 颈椎旋转   (L) N D P / (R) N D P
5. 躯干前弯   N   D   P
6. 躯干后仰   N   D   P
7. 躯干旋转   (L) N D P / (R) N D P
8. 肩部外展   (L) N D P / (R) N D P
9. 肩部前屈   (L) N D P / (R) N D P
10. 肩部外旋   (L) N D P / (R) N D P
11. 肩部内旋   (L) N D P / (R) N D P
12. 髋部屈曲   (L) N D P / (R) N D P
13. 髋部伸展   (L) N D P / (R) N D P
14. 髋部外旋   (L) N D P / (R) N D P
15. 髋部内旋   (L) N D P / (R) N D P

备注：
N=Normal正常
D=Dysfunction功能缺失
P=Pain疼痛

（1）颈部屈曲评估

● 目的：

在站姿的状况下评估颈部屈曲活动能力与稳定性。

● 评估方法：

站姿双手伸直，放松贴在大腿上，将下巴碰到胸骨。

运动过程中嘴巴闭起来，不要耸肩（图2.10）。

● 评分：

下巴碰到胸骨（N）。

未达成（D）。

有疼痛需进一步检查（P）。

图2.10

颈部屈曲评估

（2）颈部伸展评估

- 目的：

在站姿的状况下评估颈部伸展活动能力与稳定性。

- 评估方法：

站姿双手伸直，放松贴在大腿上，将头后仰至最大角度。运动过程中嘴巴不打开，身体不后仰（图2.11）。

- 评分：

后仰角度为85度，脸与天花板呈15度角（N）。

未达成（D）。

有疼痛需进一步检查（P）。

颈部伸展评估

图2.11

（3）颈部侧屈评估

● 目的：

在站姿的状况下评估颈部侧屈活动能力与稳定性。

● 评估方法：

站姿，双手伸直放松贴在大腿上，让头往左侧肩膀移动，侧屈颈部。运动过程中不要耸肩（图2.12）。

● 评分：

颈部侧屈45度（N）。

未达成（D）。

有疼痛需进一步检查（P）。

图2.12

颈部侧屈评估

第一部分 运动拉伸前的准备
2. 拉伸前关节活动度评估及注意事项

（4）颈部旋转评估

● 目的：

在站姿的状况下评估颈部旋转活动能力与稳定性。

● 评估方法：

站姿，双手伸直放松贴在大腿上，向右旋转头颈至最大角度。运动过程中切勿出现头部后仰（图2.13）。

● 评分：

旋转至少80度（N）。

未达成（D）。

有疼痛需进一步检查（P）。

颈部旋转评估

图2.13

（5）躯干前弯评估

● 目的：

在站姿状况下评估躯干与髋关节前弯的活动能力与稳定性。

● 评估方法：

双足并拢，身体前弯触碰脚趾双膝伸直不弯曲。

运动过程中切勿出现头部后仰（图2.14）。

● 评分：

手指触碰到脚趾（N）。

未达成（D）。

有疼痛需进一步检查（P）。

图2.14

第一部分 运动拉伸前的准备
2. 拉伸前关节活动度评估及注意事项

（6）躯干后仰评估

● 目的：

在站姿状况下评估肩部、髋部及脊柱的伸展活动能力与稳定性。

● 评估方法：

双足并拢站直，两手打开与肩同宽，掌心相对，手肘伸直至耳朵两侧，臀部向前移动，身体向后仰（图2.15）。

● 评分：

ASIS（髂前上棘）应超过脚趾，两侧肩胛骨应超过脚跟（N）。

未达成（D）。

有疼痛需进一步检查（P）。

躯干后仰评估

图2.15

（7）躯干旋转评估

● 目的：

在站姿状况下评估颈、胸、腰、髋的旋转活动能力。

● 评估方法：

双足并拢站直，脚尖指向前方，手臂伸直置于腰部两侧，躯干、肩膀及髋向一侧旋转（图2.16）。

● 评分：

髋部至少要有50度的旋转，胸廓至少有50度的旋转（N）。

未达成（D）。

有疼痛需进一步检查（P）。

图2.16

躯干旋转评估

2. 拉伸前关节活动度评估及注意事项

（8）肩部外展评估

● 目的：

测试肩部外展的活动能力与稳定性。

● 评估方法：

双足并拢站直，双手掌心朝前，拇指朝上，向外打开直至手臂贴住耳朵（图2.17）。

● 评分：

完成180度活动（N）。

未达成（D）。

有疼痛需进一步检查（P）。

肩部外展评估

图2.17

（9）肩部前屈评估

● 目的：

在站姿状况下评估肩部前屈的最大活动能力与稳定性。

● 评估方法：

双足并拢站直，掌心相对拇指朝上，向前屈至耳朵两侧。

注意过程中头部不进行移动，还有运动过程中核心是否收紧（图2.18）。

● 评分：

双臂贴着耳朵，完成180度活动（N）。

未达成（D）。

有疼痛需进一步检查（P）。

图2.18

肩部前屈评估

2. 拉伸前关节活动度评估及注意事项

（10）肩部外旋评估

● 目的：

在站姿状况下评估肩部外旋的自主活动能力。

● 评估方法：

双足并拢站直，肩外展90度，肘屈90度，拇指朝上，做肩外旋角度（图2.19）。

● 评分：

外旋90度活动（N）。

未达成（D）。

有疼痛需进一步检查（P）。

肩部外旋评估

图2.19

（11）肩部内旋评估

● 目的：

在站姿状况下评估肩部内旋的自主活动能力。

● 评估方法：

双足并拢站直，肩外展90度，肘屈90度，拇指朝上，做肩内旋角度（图2.20）。

● 评分：

内旋60度活动（N）。

未达成（D）。

有疼痛需进一步检查（P）。

图2.20

肩部内旋评估

2. 拉伸前关节活动度评估及注意事项

（12）髋部屈曲评估

- 目的：

在仰卧状况下评估髋关节屈曲的自主活动能力。

- 评估方法：

仰卧平躺，主动将膝伸直，脚踝维持90度，单腿向上执行屈髋，抬高至最大角度（图2.21）。

- 评分：

屈髋活动达到80度（N）。

未达成（D）。

有疼痛需进一步检查（P）。

髋部屈曲评估

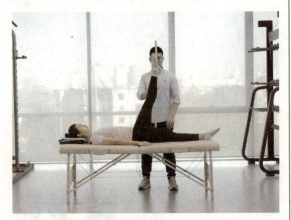

图2.21

（13）髋部伸展评估

- 目的：

在俯卧状况下评估髋关节伸展的自主活动能力。

- 评估方法：

俯卧将大腿伸直，垂直向后上抬（图2.22）。

- 评分：

髋伸展活动达到10度（N）。

未达成（D）。

有疼痛需进一步检查（P）。

图2.22

髋部伸展评估

（14）髋部外旋评估

- 目的：

在坐姿状况下评估髋关节外旋的自主活动能力。

- 评估方法：

坐姿背部挺直，双腿平行与髋同宽，膝屈曲90度
教练将手放于锻炼者股骨上，主动进行髋外旋至最大角度（图2.23）

第一部分 运动拉伸前的准备

2. 拉伸前关节活动度评估及注意事项

- 评分：

髋外旋活动达到 40 度（N）

未达成（D）

有疼痛需进一步检查（P）

髋部外旋评估

图 2.23

（15）髋部内旋评估

- 目的：

在坐姿状况下评估髋关节内旋的自主活动能力。

- 评估方法：

坐姿背部挺直，双腿平行，与髋同宽，膝屈曲 90 度。

教练将手放于锻炼者股骨上，主动进行髋内旋至最大角度（图 2.24）。

- 评分：

髋内旋活动达到 40 度（N）。

未达成（D）。

有疼痛需进一步检查（P）。

髋部内旋评估

图2.24

2.1.4 使用被动活动评估表及相关技术

教练在完成主动活动评估后，对于主动幅度受限比较明显的关节，可以进行被动关节活动评估（表2.3），分析是软组织过紧、延伸性不足或者是软组织受伤、关节结构问题影响活动幅度，还是因为运动协调问题影响活动幅度。评分有4个选项，如果达到目标活动幅度为"正常"（Normal - N）。如果达不到目标活动幅度及末端感觉为没有弹性，像骨与骨的碰撞，选择为"坚硬"（Hard-H）。这可能是由骨质增生或退行性关节病所引起。如果末端感觉为能延伸但阻力比较大、能缓冲或者紧实的关节，或者伴随疼痛，选择为"僵硬"（Firm-F）。这可能是肌肉、关节囊及韧带组织引起的。如果在被动测试过程中，有出现过疼痛的情况，选项"疼痛"（Pain-P）。

第一部分 运动拉伸前的准备

2. 拉伸前关节活动度评估及注意事项

表2.3 拉伸训练前被动活动评估表

拉伸训练前被动活动评估表

姓名：　　　　　　　拉伸教练：　　　　　　　评估日期：

身体健康备注：

评估后建议：

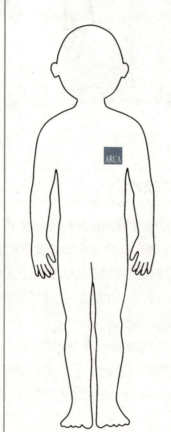

1. 颈椎被动屈曲　　　　　N H F P
2. 颈椎被动伸展　　　　　N H F P
3. 颈椎被动旋转　　(L) N H F P / (R) N H F P
4. 肩部被动外旋　　(L) N H F P / (R) N H F P
5. 肩部被动内旋　　(L) N H F P / (R) N H F P
6. 被动直膝抬腿　　(L) N F P / (R) N F P
7. 改良式托马斯　　(L) N F P / (R) N F P
8. 被动髋部内旋　　(L) N F P / (R) N F P
9. 被动髋部外旋　　(L) N F P / (R) N F P

备注：
N=Normal正常
H=Hard坚硬
F=Firm僵硬
P=Pain疼痛

（1）颈部被动屈曲评估

● 目的：

在非负重位置下评估颈椎屈曲能力。

● 评估方法：

锻炼者仰卧放松，教练双手托住头部，使颈部弯曲，将下巴向胸骨移动（图2.25）。

● 评分：

能够将下巴运动贴至胸骨（N）。

没有达到，末端感觉骨与骨的碰撞（H）。

没有达到，末端感觉为能延伸但阻力比较大（F）。

过程中有出现疼痛的情况（P）。

图2.25

颈部被动屈曲评估

（2）颈部被动伸展评估

● 目的：

在非负重位置下评估颈椎伸展的能力。

● 评估方法：

锻炼者仰卧于床上，头部伸出床沿，教练右手托住其头顶，被动伸展颈部

第一部分 运动拉伸前的准备

2. 拉伸前关节活动度评估及注意事项

（图 2.26）。

- 评分：

能够伸展颈部，使头部垂直于地面（N）。

没有达到，末端感觉骨与骨的碰撞（H）。

没有达到，末端感觉为能延伸但阻力比较大（F）。

过程中有出现疼痛的情况（P）。

颈部被动伸展评估

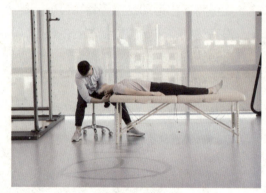
图2.26

（3）颈部被动旋转评估

- 目的：

在非负重位下评估颈椎旋转的能力。

- 评估方法：

教练双手扶着锻炼者头部，被动将锻炼者头部向一侧旋转（图 2.27）。

- 评分：

双向旋转达到 80 度的能力（N）。

没有达到，末端感觉骨与骨的碰撞（H）。

没有达到，末端感觉为能延伸但阻力比较大（F）。
过程中有出现疼痛的情况（P）。

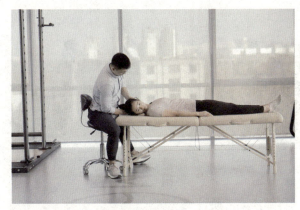

颈部被动旋转评估

图2.27

（4）肩部被动外旋评估：
● 目的：
测试肩关节周边组织的紧张程度。
● 评估方法：
锻炼者仰卧，在测试侧上臂下方垫上毛巾，使得肱骨位于肩胛骨平面内。
教练站于评估侧，锻炼者肩外展90度，屈肘90度，掌心朝向教练。
教练缓慢外旋锻炼者肩关节至最大幅度。
过程中，教练需要固定锻炼者肩胛骨及肱骨头（图2.28）。
● 评分：
无痛且无代偿的情形下完成90度活动（N）。
没有达到，末端感觉骨与骨的碰撞（H）。
没有达到，末端感觉为能延伸但阻力比较大（F）。
过程中有出现疼痛的情况（P）。

第一部分 运动拉伸前的准备

2. 拉伸前关节活动度评估及注意事项

肩部被动外旋评估

图2.28

（5）肩部被动内旋评估

● 目的：

测试肩关节周边组织的紧张程度。

● 评估方法：

锻炼者仰卧，在测试侧上臂下方垫上毛巾，使得肱骨位于肩胛骨平面内。

教练站于评估侧，锻炼者肩外展90度，屈肘90度，掌心朝向教练。

教练缓慢内旋锻炼者肩关节至最大幅度。

过程中，教练需要固定锻炼者肩胛骨及肱骨头（图2.29）。

● 评分：

无痛且无代偿的情形下完成70度活动（N）。

没有达到，末端感觉骨与骨的碰撞（H）。

没有达到，末端感觉为能延伸但阻力比较大（F）。

过程中有出现疼痛的情况（P）。

肩部被动内旋评估

图2.29

(6) 被动直膝抬腿评估

- 目的：

测试腿后肌群、臀部及髋关节囊紧张程度。

- 评估方法：

锻炼者仰卧，非测试腿伸直平放在床面，教练慢慢抬起锻炼者的测试腿。尽量不要让非测试腿抬起及骨盆移位，然后观察直腿抬高运动范围，角度应该大于80度（图2.30）。

- 评分：

无痛且无代偿的情形下完成80度活动（N）。

没有达到，末端感觉为能延伸但阻力比较大（F）。

过程中出现疼痛情况（P）。

(7) 改良式托马斯评估

- 目的：

测试髂腰肌与股直肌等屈髋肌群的紧张程度。

- 评估方法：

锻炼者坐于床沿，然后缓慢躺下后双手抱着双膝。

第一部分 运动拉伸前的准备

2. 拉伸前关节活动度评估及注意事项

被动直膝抬腿评估

图2.30

教练将锻炼者一侧腿放下,股骨与床面能达到平行(图2.31)。

● 评分:

无痛且无代偿的情形下达到水平面(N)。

没有达到,末端感觉为能延伸但阻力比较大(F)。

过程中出现疼痛的情况(P)。

改良式托马斯评估

图2.31

（8）被动髋部内旋评估

● 目的：

在俯卧状况下评估髋关节内旋的活动能力。

● 评估方法：

锻炼者俯卧，膝屈曲90度，教练左手稳定锻炼者骨盆，右手抓握锻炼者脚踝。教练把受试侧进行髋内旋，达到最大幅度后观察，髋内旋角度应该大于40度（图2.32）。

● 评分：

无痛且无代偿的情形完成40度活动（N）。

没有达到，末端感觉为能延伸但阻力比较大（F）。

过程中出现疼痛的情况（P）。

图2.32

被动髋部内旋评估

（9）被动髋部外旋评估

● 目的：

在俯卧状况下评估髋关节外旋的活动能力。

● 评估方法：

锻炼者俯卧，膝屈曲90度，教练右手稳定锻炼者骨盆，左手抓握锻炼者脚踝。

2. 拉伸前关节活动度评估及注意事项

教练把受试侧进行髋外旋，达到最大幅度后观察，髋外旋角度应该大于 45 度（图 2.33）。

- 评分：

无痛且无代偿的情形完成 45 度活动（N）。

没有达到，末端感觉为能延伸但阻力比较大（F）。

过程中出现疼痛的情况（P）。

被动髋部外旋评估

图 2.33

2.1.5　评估时的注意事项

- 选择测试时应该要确保其测试有效度及信度。
- 测试人员应该受过良好的训练，熟悉测试的程序及相关设备的使用，可以察觉到每个锻炼者测试时不同的状况。
- 遵从所工作的场所、运动队或任何工作单位的评估方案流程。
- 对于每一位锻炼者，都要确认是否存在其他关节疾病。
- 需要与锻炼者确认评估流程并得到其理解和认同。
- 如出现关节疼痛或在关节活动度评估中出现疼痛，请即刻转介专业医生。

2.2 运动拉伸前的物料准备

教练会在多种环境中为锻炼者提供运动拉伸服务。无论在哪里实施运动拉伸，都应该考虑以下几点：场地安全、卫生环境、职业道德。很多教练都会对这一节的内容有所疑惑，觉得运动拉伸没有什么需要准备的。其实在完成系统性的运动拉伸及解决关节灵活度问题的过程中，需要多种不同的技术，有些物料能辅助解决很多问题。

（1）场地

运动拉伸可以在赛场、空地进行，也可以在健身俱乐部、康复中心进行。甚至以主动且徒手的动态拉伸方式在家也可以进行。其实拉伸并不局限在某个特定的空间，所以运动拉伸具有很强的适应性，但是必须要强调环境安全。例如在球场上是否会有其他运动员移动；在俱乐部是否靠近主通道，阻碍其他人出入；这些都是存在风险的。如果锻炼者在专门的拉伸治疗室接受拉伸服务，教练需要关注的是如何更好地让锻炼者感到舒适、放松。一个专业性的拉伸治疗室可提高拉伸体验感。

（2）拉伸工具

常见的拉伸工具包括拉伸治疗床、不同规格的毛巾、不同阻力的弹力带、拉伸固定带、关节活动度评估表、喷洒式消毒液、纸巾等。这些物品都可帮助教练提高专业性。拉伸工具从最基础的设备开始，随着经验的增长而不断增加。

训练前可以使用弹力带，进行特定关节稳定状况下改善活动度的拉伸，可有效提高训练的效果。参与不同运动的人群需选择不同阻力的弹力带，正因如此教练可能会花更多的时间去尝试不同的工具，获得反馈后，做出最佳的选择。

不同规格的毛巾除应用在关节牵引等技术动作中，还可以避免教练与锻炼者产生直接接触，确保锻炼者的隐私、卫生及安全。

拉伸固定带更多应用于固定对侧肢体，确保所执行的技术安全且有效。

（3）卫生环境

疫情过后，采取措施预防疾病的传播至关重要。运动拉伸环境很大概率通过以下方式进行疾病传播。

第一部分 运动拉伸前的准备

2. 拉伸前关节活动度评估及注意事项

直接接触：与一个锻炼者接一个锻炼者直接接触，手触摸残留汗液的皮肤，但没有即刻洗手及消毒。

间接接触：在进行运动拉伸前，使用的毛巾没有进行更换，脸埋在没有清理过的脸洞里。

卫生建议：

- 教练保持良好的卫生习惯至关重要。
- 为每一位锻炼者拉伸后，用肥皂或者洗手液清洗双手。
- 摘除所有手上的饰品，避免直接接触时造成皮肤擦伤。
- 锻炼者使用过后，即刻清洁及消毒所使用的工具及有汗液的地方。
- 保持拉伸治疗室环境整洁干净。

（4）职业道德

由于拉伸教练与锻炼者身体接触比较多，如果从业人员行为不规范，不但会让锻炼者产生心理防范，影响身体放松，而且教练缺乏应有的职业道德素养还会为从业人员带来负面影响，影响继续在行业发展的机会与晋升的空间。以下几点可供大家参考：

- 注意自身行为，从言行举止开始，确保自己的所作所为能够获得别人的尊重，维持好自身的专业形象。
- 尊重同事及锻炼者。
- 对已存在健康问题的锻炼者，需转介于医生及物理治疗师，进行医学性评估。

看视频学拉伸

第二部分 运动拉伸技术

POINT 03　动态拉伸

- 主动动态拉伸及协助动态拉伸
- 主动动态拉伸及协助动态拉伸

POINT 04　被动静态拉伸

- 被动静态拉伸
- 被动静态拉伸——仰卧位动作
- 被动静态拉伸——俯卧位
- 被动静态拉伸——侧卧位
- 被动静态拉伸-坐姿位

看视频学拉伸

第二部分 运动拉伸技术

POINT 05 主动关节辅助拉伸

- 主动关节辅助拉伸信息
- 上肢主动关节辅助拉伸技术内容
- 下肢关节辅助拉伸技术内容

POINT 06 被动关节牵引

- 被动关节牵引信息
- 上肢被动关节牵引技术内容
- 下肢被动关节牵引技术内容

看视频学拉伸

第二部分 运动拉伸技术

POINT 07　精准拉伸组合方案

- 胸椎旋转活动度改善
- 肩部旋转活动度改善
- 肩部灵活性改善
- 髋关节灵活性改善
- 脚踝灵活性改善
- 久坐腰背疼痛
- 肩颈部疼痛
- 髋关节弹响

- 肩峰撞击综合征改善
- 网球肘被动拉伸
- "鼠标手"被动拉伸方案
- 上交叉综合征改善
- 下交叉综合征被动拉伸
- 跑步爱好者拉伸方案
- 篮球运动员拉伸方案

- 足球运动员拉伸方案
- 网球运动员拉伸方案
- 竞技体操运动员拉伸方案
- 体能训练前拉伸方案
- 体能训练后被动拉伸方案

第二部分 运动拉伸技术

3. 动态拉伸

知识目标

1. 熟知主动动态拉伸及协助动态拉伸的技术特点及区别
2. 了解动态拉伸的应用场景、适用人群及技术作用
3. 了解动态拉伸对训练及身体恢复的优点及缺点

能力目标

掌握动态拉伸技术的应用方法、注意事项，训练强度及动作进、退阶方法

素质目标

通过对主动动态拉伸及协助动态拉伸的学习，能区分两者的应用情景，针对不同的问题及状况应用不同的拉伸技术

3.1　主动动态拉伸及协助动态拉伸

3.1.1　主动动态拉伸

　　主动动态拉伸常见的方式是锻炼者利用自身的肌肉力量或者重量，通过特定动作及角度对肌肉进行牵拉。整个过程都是以均速进行的，并且在可控情况下由慢至快。由于自身控制牵拉张力的大小，所以这种方法相对安全且随时能够进行。此拉伸方式常用于运动训练前，针对运动员专项要求进行关节活动。拉伸方式从较小幅度、单一关节活动的慢速活动，递增至较大幅度、多关节和多肌群参与的快速活动。当然，对于非专业运动员，主动动态拉伸也是非常高效的训练前热身内容。教练可以为各个关节选择1～2个主动动态拉伸动作或者根据锻炼者身体情况，组合一节训练前的热身内容。

　　主动动态拉伸优点：

- 具有专项性，针对运动专项需求，让相关肌肉及关节参与活动，并延展肌肉筋膜，进行多方向伸展。
- 主动状态下进行，可作为主要运动前的暖身，提高肌肉温度。
- 具有动作控制的增进效应。
- 不需要器械及他人辅助，可以灵活进行。

　　进行主动动态拉伸时，可根据专项需求设计专项性较强的动作。如田径运动员，可模拟向前踢腿，力度以让腿后肌群有轻微拉紧的感觉为准，重复动作8～10次。每次逐步加大活动幅度、力量及摆荡速度。可按需要进行2～3组。其主要目的是把肌肉活动至专项运动所需的关节活动范围。

　　为了让后续的比赛或训练更快进入运动状态，体能教练会为锻炼者设计一套结合该运动项目特点、技术动作模式、常见受伤位置的主动动态拉伸，时间为10～15分钟。

　　对于处在伤病恢复中，或身体比较僵硬、希望提高关节灵活度和身体柔韧度的锻炼者来说，把主动动态拉伸作为整堂训练课的练习内容也很常见。前面已经提及过，主动动态拉伸大都无需借助任何器械，也不需要太大的场地和空间，且随着个人力

3. 动态拉伸

量、柔韧性以及肌肉承受力的不断加强，可递增动作难度。建议每周进行不少于 3 次的动态拉伸训练，以有效保持关节活动度、预防运动损伤，并利于日常身体活动。

主动动态拉伸还具有另外一个形式：在关节活动度的末端进行 3～5 厘米的往复简谐运动，此方法为弹震式伸展，弹震式伸展的作用力量大于慢速的主动动态拉伸，主要目的在于增加肌肉筋膜的黏弹性，在使用中特别注意拉伸的速度要渐进，从慢速的弹震开始找到最合适自己的频率。

主动动态拉伸的作用原理为利用肌肉与肌腱的动作感觉反馈，以门阀控制的方式抑制拉伸的痛觉。

3.1.2 协助动态拉伸

有的时候我们在做动态拉伸时会辅助一些重量，这些重量是为了增加肌肉与关节周围的神经讯息，也能利用重量增加活动的范围与幅度，而协助动态拉伸在使用上我们可以用以下两种方式进行。

方式一：教练在肌肉黏滞点或关节活动幅度受限的角度进行协助施力，逐渐且缓慢将增大关节活动范围、延伸肌肉，此方法适用于身体没有不适的人群。

方式二：教练在关节活动区间内全程帮助锻炼者协助执行等速运动，此方法适用于调整恢复或避免纤维化状况的人群。一般建议方式二交由治疗师操作，所以在本书中不赘述。在方式一中教练并不是全程参与活动，教练主要参与协助末端区域发力，帮助锻炼者进行更大幅度的拉伸。此拉伸方式适用于锻炼者训练前，其关节活动幅度无法达到训练时动作对关节活动的要求；或尽量帮助锻炼者提前获取训练中需要的关节灵活度，积极提升运动表现、预防损伤。

3.1.3 主动动态及协助动态拉伸的作用

动态拉伸最常用的使用场景是运动前的热身环节。动态拉伸能够在运动时增加肌肉温度、提高肢体的血液循环，并在过程中减少肌肉僵硬，减少运动过程中能量内耗，满足热身的需求。如果结合专项运动，可以模拟专项运动的动作，则更有利于训练及竞赛时的发挥。动态拉伸发挥作用的原理有：通过动作反复牵拉肌肉中的肌梭，产生肌肉长度变化讯号，从而在脊髓中因神经门阀抑制理论产生疼痛抑制的状态，如图3.1。因此可以逐渐加大幅度，活动范围也因此得到增大。此外在长期的动作影响中，反复动态拉伸，产生动作讯号与动作后感觉讯号，可提高大脑对于本体的认知，因而达到提高动作控制的效果。

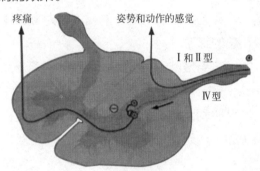

图3.1

I型——鲁菲尼小体；II型——帕奇尼小体；IV型——感觉神经元

协助的动态拉伸与主动的弹震式拉伸，在拉伸的过程中会产生额外的重量，对于肌肉有离心收缩的效果。一般在慢速牵拉与静态拉伸时，人体整条肌肉会被拉扯，然而整条肌肉束、肌腱与肌肉的质地是不一样的。在未受到离心收缩的状况下，很难对肌腱产生拉扯刺激，此外肌肉在反复的拉扯过程中也会刺激到肌肉外的筋膜，进而提升筋膜的健康程度，帮助水合作用与水分交换，提高肌肉筋膜的黏弹性。

因此在提升动作控制与热身需求的状况下，教练可以选择主动动态拉伸，如果想要针对肌肉筋膜或是想要有更强一些的拉伸感，教练可以选择弹震式拉伸或协助式动态拉伸，如图3.2和图3.3。

3. 动态拉伸

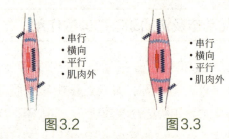

图3.2　　　　图3.3

3.1.4　主动动态拉伸技术的注意事项

在进行主动动态拉伸时，应遵循序渐进及超负荷训练原则。因此，在进行动态拉伸练习时，要系统地、逐步地增加运动强度和运动量。运动强度应包括动作的幅度、力量和速度；运动量包括重复次数和总的练习时间。

如果热身准备时间允许，建议先进行5～10分钟的低强度有氧运动，使心率、肌肉温度和体温逐步升高，然后进行动态拉伸。如果热身时间比较紧张，不允许进行低强度有氧热身，教练应该选择简单的主动动态拉伸动作，逐渐递增至复杂的技术动作。需要注意的是由于动态热身有别于静态热身，肌肉没有放松的阶段，因此关节活动提升效果可能低于静态拉伸。教练需要考虑是否为某一些幅度受限的关节进行静态拉伸，避免活动幅度不足导致的代偿。

3.1.5　协助动态拉伸技术的注意事项

协助动态拉伸时的注意事项与主动动态拉伸相似，由简单至复杂，逐步增加关节活动幅度。进行协助动态拉伸时，由于关节已经接近主动运动的最大幅度，教练在末端位置进行更进一步延伸，需要留意锻炼者被拉伸时的反馈，不应出现拉伸幅度过大、速度过快、有疼痛感，甚至出现对抗拉伸的情况，最终导致肌肉拉伤。

3.2 主动动态拉伸及协助动态拉伸

3.2.1 仰卧位髋屈曲主动动态拉伸

- 准备动作：

锻炼者仰卧位，双侧下肢并拢屈髋屈膝90度。手臂自然打开60度，掌心向上[图3.4（a）]

- 拉伸技巧：

呼气，双腿保持并拢，转向左侧，同时头部转向对侧[图3.4（b）]。
右腿髋屈至最大幅度后膝伸，左手抓脚尖进行主动踝背屈[图3.4（c）]。
吸气，回到准备动作姿势。

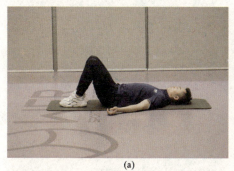
(a)

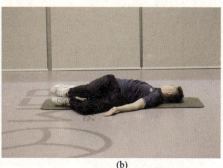
(b)

(c)

仰卧位髋屈曲主动动态拉伸

图3.4

第二部分 运动拉伸技术

3. 动态拉伸

3.2.2 仰卧位髋屈曲协助动态拉伸

● 准备动作：

锻炼者仰卧位，右侧髋屈曲、内收及内旋至最大幅度后，膝伸。

教练站于锻炼者锻炼者左侧，左手抓握锻炼者左手腕[图3.5（a）]，锻炼者小腿置于教练右侧膝关节下方。

● 拉伸技巧：

呼气，锻炼者想象左手向远端延伸，教练协助发力，带动躯干向右侧旋转[图3.5（b）]吸气，回到准备动作姿势。

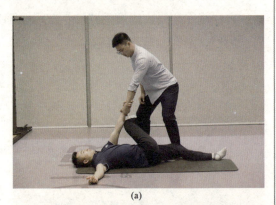
(a)

仰卧位髋屈曲协助动态拉伸

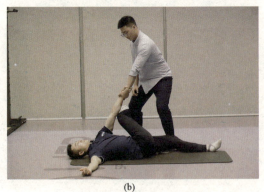
(b)

图3.5

3.2.3 侧卧位胸椎旋转主动动态拉伸

- 准备动作：

锻炼者左侧卧位，头部垫于折叠毛巾上，脊柱保持中立位。双脚并拢，屈髋屈膝，双手交叠于胸前［图3.6（a）］。

- 拉伸技巧：

呼气，右侧肩胛前引，右手向远处延伸［图3.6（b）］。

接着右手水平向后打开，带动胸椎向右侧转，头同步右转［图3.6（c）］。

吸气，右手尽量贴着地面划圈至头顶上方（眼睛跟随），再回到准备动作姿势［图3.6（d）］。

侧卧位胸椎旋转主动动态拉伸

图3.6

3.2.4 侧卧位胸椎旋转协助动态拉伸

● 准备动作：

教练半蹲站于锻炼者上方，背部挺直，左手抓握锻炼者右手腕处[图3.7（a）]。

● 拉伸技巧：

当锻炼者右手外展至最大幅度时，教练引导想象右手尽量向远端方向触摸，协助进行远端延伸，并伴随打圈至头顶上方[图3.7（b）]。

教练放手，锻炼者右手回到准备动作姿势，进行下一次拉伸。

(a)

侧卧位胸椎旋转协助动态拉伸

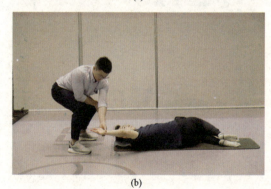
(b)

图3.7

3.2.5 俯卧位髋后伸主动动态拉伸

● 准备动作：

锻炼者俯卧位，双手支撑于身体两侧 [图3.8（a）]。

● 拉伸技巧：

呼气，左手臂外展135度，掌心向下。

右侧膝屈90度，臀部发力，髋关节向左斜后方伸展，右脚尖触碰左侧地面 [图3.8（b）]。

吸气，回到准备动作姿势。

俯卧位髋后伸主动动态拉伸

(a)

(b)

图3.8

3.2.6 俯卧位髋后伸协助动态拉伸

● 准备动作：

教练跪于锻炼者身体左侧。

右手置于锻炼者右侧膝上，左手固定于右侧骶髂区域 [图3.9（a）]。

● 拉伸技巧：

当锻炼者臀部发力，髋关节向左斜后方伸展至最大幅度时，教练引导更进一步的髋伸，右手协助进行髋关节更大幅度的后伸，左手进行固定[图3.9（b）]。

教练放手，锻炼者回到准备动作姿势。

(a)

俯卧位髋后伸协助动态拉伸

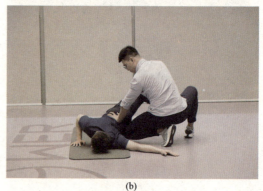

(b)

图3.9

3.2.7　90×90肩环绕主动动态拉伸

（90×90的意思是：屈髋90度，屈膝90度）

- 准备动作：

锻炼者左脚在前方，屈髋90度，屈膝90度坐于地面，背部挺直,骨盆中立位。

右手高举过头顶,左手置于身后地面做支撑[图3.10(a)]。

● 拉伸技巧:

呼气,右手向斜后方远处延伸,眼睛直视右手,手臂带动躯干向右侧旋转[图3.10(b)]。

吸气,回到准备动作姿势。

图3.10

90×90 肩环绕主动动态拉伸

第二部分 运动拉伸技术

3. 动态拉伸

3.2.8　90×90肩环绕协助动态拉伸

- 准备动作：

教练站于锻炼者左侧后方，左手抓握锻炼者右手腕处[图3.11（a）]。

- 拉伸技巧：

当锻炼者右手向斜后方远处延伸时，教练引导更进一步的向斜后方延伸，左手协助远端延伸[图3.11（b）]。

教练放手，锻炼者右手回到准备动作姿势，进行下一次拉伸。

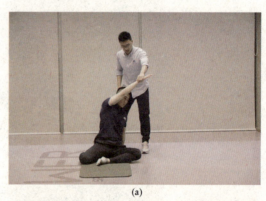
(a)

90×90肩环绕协助动态拉伸

(b)

图3.11

3.2.9　90×90 胸椎旋转主动动态拉伸

● 准备动作：

锻炼者左脚在前方，屈髋 90 度，屈膝 90 度坐于地面，背部挺直，骨盆中立位。肘屈，右手置于身体侧面，左手置于身后地面做支撑［图 3.12（a）］。

● 拉伸技巧：

呼气，右手尽量向对侧远端方向延伸，躯干向左转动，头与躯干同步移动，胸椎旋转至最大幅度［图 3.12（b）］。

吸气，回到准备动作姿势。

(a)

(b)

图 3.12

90×90 胸椎旋转
主动动态拉伸

3. 动态拉伸

3.2.10　90×90 胸椎旋转协助动态拉伸

- 准备动作：

教练站于锻炼者左侧前方，左手抓握锻炼者右手腕处，右手置于锻炼者左侧肩部 [图 3.13（a）]。

- 拉伸技巧：

当锻炼者右手向左前方远处延伸时，教练引导更进一步的向左前方延伸，左手协助远端延伸 [图 3.13（b）]。

教练放手，锻炼者右手回到准备动作姿势，进行下一次拉伸。

(a)

90×90 胸椎旋转
协助动态拉伸

(b)

图 3.13

3.2.11　90×90髋屈曲主动动态拉伸

● 准备动作：

锻炼者左脚在前方，屈髋90度，屈膝90度坐于地面，背部挺直，骨盆中立位［图3.14（a）］。

● 拉伸技巧：

呼气，躯干向右侧转动，身体俯身向下，左手尽量向对侧远端方向触摸，并向远处延伸［图3.14（b）］。

吸气，回到准备动作姿势；呼气，双侧手臂举过头顶，身体俯身向下，向前延伸［图3.14（c）］。

吸气，回到准备动作姿势；呼气，躯干向左侧转动，身体俯身向下，右手尽量向对侧远端方向触摸，并向远处延伸［图3.14（d）］。

90×90髋屈曲主动动态拉伸

图3.14

3.2.12　90×90髋伸展主动动态拉伸

● 准备动作：

锻炼者左脚在前方，屈髋90度，屈膝90度坐于地面，背部挺直，骨盆中立位。

肘屈，右手置于身体侧面，左手置于身后地面做支撑[图3.15(a)]。

● 拉伸技巧：

呼气，躯干向左转动，同时右侧髋、膝、脊柱伸展，伴有肩关节屈曲，向斜后方触摸至最大幅度[图3.15(b)]。

吸气，回到准备动作姿势。

(a)

90×90髋伸展主动动态拉伸

(b)

图3.15

3.2.13　90×90髋伸展协助动态拉伸

- 准备动作：

教练站于锻炼者身体右侧后方。

右腿固定锻炼者右侧髋部，左手抓握锻炼者右侧手腕处［图3.16（a）］。

- 拉伸技巧：

当锻炼者进行右侧髋、膝、脊柱伸展及肩关节屈曲至最大幅度时，教练引导更进一步的髋伸及肩关节屈曲，左手协助进行肩关节屈曲至最大幅度，并向远端延伸［图3.16（b）］。

教练放手，锻炼者回到准备动作姿势。

(a)

(b)

图3.16

90×90髋伸展协助动态拉伸

3.2.14 跪姿髋伸展主动动态拉伸

● 准备动作：

锻炼者左脚向前迈步支撑，右侧单膝跪姿、勾脚，背部挺直。肘屈 90 度，右手置于身体侧面，左手置于身后地面做支撑 [图 3.17（a）]。

● 拉伸技巧：

呼气，进行双侧骨盆后倾，躯干向左转动，右侧髋部进行髋伸至最大幅度后，右手向斜后方远处延伸 [图 3.17（b）]。

吸气，回到准备动作姿势。

跪姿髋伸展主动
动态拉伸

图 3.17

3.2.15 跪姿髋部三方向主动动态拉伸

- 准备动作：

锻炼者左腿向外45度支撑，右腿跪姿，背部挺直，眼睛直视前方[图3.18（a）]。

- 拉伸技巧：

呼气，躯干屈曲俯身向下，双手交叠向后侧远端触摸[图3.18（b）]。

吸气，回到准备动作姿势；呼气，躯干向后仰，双手向后方，眼睛直视双手[图3.18（c）]。

吸气，回到准备动作姿势；呼气，躯干向右侧屈至最大幅度，骨盆向左侧移动[图3.18（d）]。

跪姿髋部三方向主动动态拉伸

图3.18

3.2.16 跪姿胸椎旋转主动动态拉伸

● 准备动作：

锻炼者跪姿，臀部向后坐于脚跟处，双侧手臂向前方延伸[图3.19（a）]。

● 拉伸技巧：

呼气，右侧手臂向左侧远处触摸，胸椎向左侧转动[图3.19(b)]。接着左侧手臂撑起，右手水平向后打开，带动胸椎向右侧转动，眼睛直视右手[图3.19（c）]。

吸气，回到准备动作姿势。

(a)

(b)

跪姿胸椎旋转主动动态拉伸

(c)

图3.19

3.2.17 跪姿胸椎旋转协助动态拉伸

● 准备动作：

教练站于锻炼者身体左侧，左手固定其左侧肩胛区域［图3.20（a）］。

● 拉伸技巧：

当锻炼者右手水平外展至最大幅度后，教练右手抓握锻炼者右侧手腕，教练引导其右手尽量向远端方向，协助进行远端延伸［图3.20（b）］。

教练放手，锻炼者右手回到准备动作姿势，进行下一次拉伸。

(a)

图3.20

3. 动态拉伸

跪姿胸椎旋转协助
动态拉伸

(b)

图 3.20

3.2.18 四点支撑腿后肌群主动动态拉伸

● 准备动作：

锻炼者四点支撑，背部挺直，双侧手臂伸直，双手压实地面 [图 3.21（a）]。

● 拉伸技巧：

呼气，膝及髋关节伸展至最大幅度，身体呈倒"V"字，背部挺直 [图 3.21（b）]。

保持双侧脚跟踩实地面，骨盆向左右两侧转动 [图 3.21（c）]。

吸气，回到准备动作姿势。

四点支撑腿后肌群
主动动态拉伸

(a)

图3.21

3.2.19　四点支撑髋伸展主动动态拉伸

● 准备动作：

锻炼者四点支撑，背部挺直，双侧手臂伸直，双手压实地面［图3.22（a）］。

● 拉伸技巧：

呼气，膝伸展至最大幅度，身体呈倒"V"字，背部挺直［图3.22（b）］。

右膝屈曲90度，右脚向斜后方延伸，保持左侧脚跟踩实地面，右髋关节后伸至最大幅度［图3.22（c）］。

吸气，回到准备动作姿势。

图3.22

第二部分 运动拉伸技术

3. 动态拉伸

四点支撑髋伸展主动动态拉伸

(c)

图3.22

3.2.20　三点支撑髋伸展主动动态拉伸

● 准备动作：

锻炼者双侧屈髋屈膝90度，背部挺直，肘屈，右手置于身体侧面，左手置于身后地面做支撑［图3.23（a）］。

● 拉伸技巧：

呼气，躯干向左转动，同时右侧髋、膝、脊柱伸展，伴有肩关节屈曲，向斜后方至最大幅度［图3.23（b）］。

吸气，回到准备动作姿势。

(a)

三点支撑髋伸展主动动态拉伸

(b)

图 3.23

3.2.21 侧弓步腿后肌群主动动态拉伸

- 准备动作：

锻炼者左腿跪姿支撑，右腿伸直并外展，右脚内侧踩实地面。手臂伸直置于肩关节正下方支撑，背部挺直[图 3.24（a）]。

- 拉伸技巧：

呼气，臀部坐向左侧脚跟处，躯干向右侧转动伴有侧屈，右手向远端触摸脚尖[图 3.24（b）]。

吸气，回到准备动作姿势。

侧弓步腿后肌群主动动态拉伸

(a)

图 3.24

图3.24

3.2.22 侧弓步内收肌群主动动态拉伸

- 准备动作：

锻炼者左腿跪姿支撑，右腿伸直并外展，右脚内侧踩实地面。手臂伸直置于肩关节正下方支撑，背部挺直 [图3.25（a）]。

- 拉伸技巧：

呼气，臀部坐向左侧脚跟处，躯干进行向前向后移动 [图3.25（b）]。

吸气，回到准备动作姿势。

(b)

图 3.25

侧弓步内收肌群主动
动态拉伸

3.2.23　弓步姿躯干后仰主动动态拉伸

● 准备动作：

锻炼者侧弓步姿态，右腿外展并伸直，脚尖指向天花板，双手支撑于地面［图 3.26（a）］。

● 拉伸技巧：

呼气，身体向左转，右膝着地，挺髋，手臂向上伸直，躯干向上向后延伸，眼睛直视前方［图 3.26（b）］。

吸气，回到准备动作姿势。

(a)

图 3.26

弓步姿躯干后仰
主动动态拉伸

3. 动态拉伸

图 3.26

3.2.24 弓步姿躯干旋转主动动态拉伸

● 准备动作：

锻炼者右脚在前，左手支撑地面，右手弯曲置于胸前。

身体俯身下压，背部挺直，左腿伸直，骨盆保持中立位[图3.27（a）]。

● 拉伸技巧：

呼气，右侧手臂前伸，向远处延伸带动背部伸展[图3.27（b）]，眼睛直视手臂，胸椎向右旋转至最大幅度后，进行右侧肩部向后环绕[图3.27（c）]。

吸气，回到准备动作姿势。

弓步姿躯干旋转
主动动态拉伸

图3.27

3.2.25 俯身后移腿后肌群主动动态拉伸（1）

- 准备动作：

锻炼者双脚分开与肩同宽站立，双手叉腰背部挺直，双侧膝关节微屈，俯身向下[图3.28（a）]。

- 拉伸技巧：

呼气，左腿向后撤步，右侧足跟着地勾脚，膝关节缓慢伸直至最大幅度[图3.28（b）]。

吸气，回到准备动作姿势。

图3.28

俯身后移腿后肌群主动动态拉伸（1）

第二部分 运动拉伸技术

3. 动态拉伸

(b)

图 3.28

3.2.26　俯身后移腿后肌群主动动态拉伸（2）

● 准备动作：

锻炼者双脚分开与肩同宽站立，双手自然放松垂于身体两侧。双侧膝关节微屈，背部挺直，俯身向下[图3.29（a）]。

● 拉伸技巧：

呼气，左腿向后撤步，右侧脚跟着地勾脚，膝关节伸直至最大幅度后，躯干向左侧转动伴有侧屈[图3.29（b）]。

吸气，回到准备动作姿势。

(a)

俯身后移腿后肌群主动动态拉伸（2）

图3.29

3.2.27 站姿躯干屈曲主动动态拉伸

- 准备动作：

锻炼者站立位，双手自然放松垂于身体两侧，右脚交叉置于左侧脚踝外侧[图3.30（a）]。

- 拉伸技巧：

呼气，躯干向右侧转动并俯身向下，触摸左侧脚踝内侧[图3.30（b）]。

吸气，回到准备动作姿势；呼气，双侧手臂伸直向远端延伸，躯干进行后仰[图3.30（c）]。

图3.30

3. 动态拉伸

站姿躯干屈曲主动动态拉伸

(c)

图3.30

3.2.28 站姿胸椎旋转主动动态拉伸

● 准备动作：

锻炼者双脚分开站立，双侧手臂伸直外展，背部挺直[图3.31（a）]。

● 拉伸技巧：

呼气，左手触摸右侧脚踝内侧，右手向远端延伸，带动胸椎向右转动至最大幅度[图3.31（b）]。

吸气，回到准备动作姿势。

(a)

站姿胸椎旋转主动动态拉伸

(b)

图 3.31

3.2.29 站姿胸椎旋转协助动态拉伸

- 准备动作：

教练站于锻炼者左侧，左手固定锻炼者左侧肩胛区域，右手抓握锻炼者右手腕处[图3.32（a）]。

- 拉伸技巧：

当锻炼者右手带动胸椎向右转动至最大幅度时，教练右手协助引导锻炼者更进一步的胸椎转动及右手向远端延伸，左手进行固定[图3.32（b）]。

教练放手，锻炼者回到准备动作姿势。

站姿胸椎旋转协助动态拉伸

(a)

图 3.32

图3.32

3.2.30　上肢肌群协助动态拉伸（1）

● 准备动作：

锻炼者背部挺直，坐于椅子上

教练站于锻炼者后方，将锻炼者右侧手臂进行肩屈90度，肘屈及腕伸至最大角度［图3.33（a）］，教练左手辅助锻炼者腕伸，右侧前臂托住锻炼者肘关节处［图3.33（b）］。

● 拉伸技巧：

锻炼者自然放松，教练协助发力进行由内向外的动态转动，逐渐增大关节活动幅度［图3.33（c）］。

上肢肌群协助动态拉伸（1）

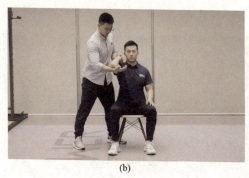

图3.33

3.2.31 上肢肌群协助动态拉伸（2）

● 准备动作：

锻炼者背部挺直，坐于椅子上。

教练站于锻炼者后方，锻炼者右侧手臂伸直，肩屈90度，腕关节伸展，前臂旋后至最大角度［图3.34（a）］，右手固定锻炼者腕伸动作，左手托住锻炼者肘关节处［图3.34（b）］。

● 拉伸技巧：

锻炼者自然放松，教练协助发力进行由内向外的动态转动，逐渐增大关节活动幅度［图3.34（c）］。

图3.34

第二部分 运动拉伸技术

3. 动态拉伸

上肢肌群协助动态拉伸（2）

(c)

图3.34

3.2.32　上肢肌群协助动态拉伸（3）

● 准备动作：

锻炼者背部挺直，坐于固定平面。

教练站于锻炼者后方，将锻炼者右侧手臂伸直，肩屈90度，腕关节屈曲及前臂旋前至最大角度[图3.35（a）]。

右手固定锻炼者腕屈动作，左手托住锻炼者肘关节处[图3.35（b）]。

● 拉伸技巧：

锻炼者自然放松，教练协助发力，进行由内向外的动态转动，逐渐增大关节活动幅度[图3.35（c）]。

技术应用分析：

针对长期进行羽毛球、网球（挥拍、扣球等）动作的客户群体，以上三个动作可有效改善手臂肌群因过度使用而引起的肌肉疲劳及紧张。

上肢肌群协助动态拉伸（3）

图3.35

3.2.33 蹲姿肩屈曲主动动态拉伸

● 准备动作：

锻炼者深蹲姿势，双脚宽于肩，双手触地，眼睛直视前方，保持背部挺直[图3.36（a）]。

● 拉伸技巧：

呼气，躯干维持中立位，右手高举过头顶，肩关节屈曲至最大幅度[图3.36（b）]。吸气，回到准备动作姿势。

第二部分 运动拉伸技术

3. 动态拉伸

蹲姿肩屈曲主动动态拉伸

图 3.36

3.2.34　蹲姿肩屈曲协助动态拉伸

- 准备动作：

教练站于锻炼者身体后方，左手固定锻炼者右侧肩胛区域，右手抓握其手腕处[图 3.37（a）]。

- 拉伸技巧：

当锻炼者右侧肩关节屈曲至最大幅度后，教练引导更进一步的肩屈，右手协助锻炼者进行肩屈曲至最大幅度，左手固定锻炼者肩

胛骨 [图3.37（b）]。

教练放手，锻炼者回到准备动作姿势。

图3.37

蹲姿肩屈曲协助动态拉伸

第二部分 运动拉伸技术

4. 被动静态拉伸

知识目标

1. 熟知被动静态拉伸技术特点
2. 了解被动静态拉伸的应用场景、人群
3. 了解被动静态拉伸的技术作用及疼痛分级表

能力目标

掌握被动静态拉伸的应用方法、注意事项,并根据锻炼者需求进行计划设定以及完成技术动作执行

素质目标

通过系统化学习被动静态拉伸,从多姿态、多角度、多平面看待局部问题,更具逻辑性解决柔韧性问题

4.1 被动静态拉伸

4.1.1 被动静态拉伸

被动静态拉伸是指锻炼者完全放松，肢体不参与发力。常见的有体能教练或康复治疗师为运动员进行训练后的拉伸。在进行被动静态拉伸时，通常由教练移动锻炼者的肢体，缓慢发力，将肌肉顺着肌纤维的走向拉长，直到教练感觉已达到关节活动幅度的极限，或锻炼者自身能接受的肌肉轻微疼痛感（2级），并保持这一姿势不动。为了方便教练与锻炼者沟通拉伸的强度，避免过度拉伸导致受伤，图4.1列出了锻炼者感知肌肉拉伸的分级。需在拉伸前让锻炼者明白，且在拉伸过程中精准反馈自身感觉。如达到3级区域的疼痛感受，或被拉伸肌肉产生对抗及收缩，教练需减轻力量的施加。一般被动静态拉伸应用于训练或比赛后10～15分钟进行。针对训练或比赛使用比较多的大肌肉群进行被动拉伸。拉伸的时间维持15～30秒，重复2～3次。

图4.1

4.1.2 被动静态拉伸的作用

被动静态拉伸的作用是给被拉伸的肌肉更佳的放松效果，可以获得更大的关节活

第二部分 运动拉伸技术

4. 被动静态拉伸

动幅度。而且，由有经验的教练或康复治疗师执行，可以准确、细致地拉伸到不同的肌肉纤维束。训练后进行被动静态拉伸，主要目的是有效减少运动后的疲劳反应，并恢复由于肌肉紧张导致的活动幅度减少。

4.1.3 被动静态拉伸的注意事项

在进行被动静态拉伸时，常见的问题是教练没有随时随地观察锻炼者的身体反应，因动作太快或者太用力，让锻炼者产生紧张感，导致肌肉紧张。这样不但没有达到拉伸效果，还有可能造成肌肉拉伤。教练也可能因为实施拉伸动作幅度过大，导致锻炼者出现疼痛、肌肉收缩的对抗及憋气等情况，这时教练应该适当调整拉伸幅度及力量，并指导锻炼者保持缓慢呼吸及放松身体。锻炼者与教练之间应该互相配合默契。要做到安全并有效的拉伸，教练必须具备一定的人体解剖学和生物力学知识，掌握正确的用力点和施力方向。不明白技术动作的要求而做简单的模仿，往往是无效甚至危险的。所以，通过系统学习和实践拉伸技能后才能够保证锻炼者的安全和拉伸效果。

4.1.4 被动静态拉伸技巧

- 拉伸动作如需调动多个关节，应先将一个关节拉伸到最大幅度后，再引导下一个关节。例如拉伸腘绳肌需要进行髋屈曲及膝伸展。教练应先把髋屈曲或者膝伸展至最大幅度，然后再移动另外一个关节，充分拉伸整块肌肉。
- 牵开关节间隙，并在拉伸过程中保持延伸。牵引可以打开关节囊，增加关节间隙，以避免拉伸过程中关节卡压；牵引的过程也增加了肌肉的延长，可以让拉伸更充分。

● 借助身体重心转换及躯干力量。如拉伸内收肌群，用腿外侧抵住锻炼者脚踝，两腿分开，重心向一侧移动让髋外展，就避免了用手外推出现手抖无力的情况，这样做锻炼者可以更信任，从而更放松，教练也可以更省力。

● 使用多个平面进行拉伸。满足肌肉功能，满足肌肉走向。如拉伸肱二头肌时在矢状面需肩后伸和肘伸，水平面需前臂旋前，同时其肌纤维走向为由内上方向外下方，所以还需在冠状面外展 45° 左右，才会有最充分的伸展。

● "温水煮青蛙"。在拉伸时动作流畅且缓慢，避免肌梭刺激，诱发牵张反射，同时锻炼者体验感也会更好。

● 配合呼吸。拉伸时，引导锻炼者进行有节奏的呼吸，能让副交感神经作为主导，放松身体；拉伸躯干肌群时吸气可以使腹内压增加，从而促进肌肉延展。

4.2　被动静态拉伸——仰卧位动作

4.2.1　颈部侧屈肌群被动静态拉伸（1）

● 准备动作：

锻炼者仰卧，手臂自然放松置于床面。

教练站于锻炼者头部上方偏左侧，背部挺直［图 4.2（a）］。

● 拉伸技巧：

将锻炼者头向左侧屈至最大角度，至右肩出现明显上提。

教练左手固定锻炼者头侧，右手掌根置于锻炼者肩峰，手指指向三角肌。

教练右手往斜下方向施力［图 4.2（b）］。

第二部分 运动拉伸技术

4. 被动静态拉伸

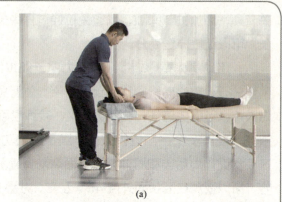

(a)

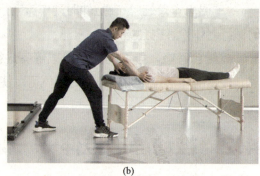

(b)

图 4.2

颈部侧屈肌群被动静态拉伸（1）

4.2.2 颈部侧屈肌群被动静态拉伸（2）

- 准备动作：

锻炼者仰卧，手臂自然放松置于床面。

教练站于锻炼者头部上方靠左侧，背部挺直[图 4.3（a）]。

- 拉伸技巧：

教练将锻炼者头向左侧屈至最大角度后，使其颈部向左侧旋转约 45 度。

教练左手固定锻炼者头侧，右手掌根置于锻炼者肩峰，手指指向三角肌，向斜下方施力［图4.3（b）］。

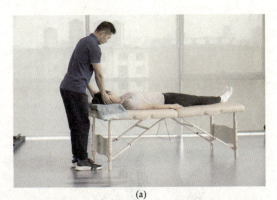

(a)

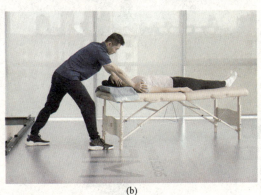

(b)

图4.3

颈部侧屈肌群被动静态拉伸（2）

4.2.3　颈部旋转肌群被动静态拉伸

● 准备动作：

锻炼者仰卧，手臂自然放松置于床面。

教练站于锻炼者上方，背部挺直，将毛巾对折垫在锻炼者头部［图4.4（a）］。

● 拉伸技巧：

教练抓住毛巾两侧，将锻炼者头部略微抬离床面，并向左侧旋转至最大幅度。

4. 被动静态拉伸

教练左手轻压固定锻炼者头部（耳侧），右手上提毛巾旋转锻炼者颈部[图4.4（b）]。

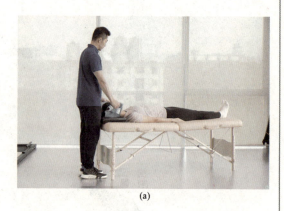

(a)

颈部旋转肌群被动静态拉伸

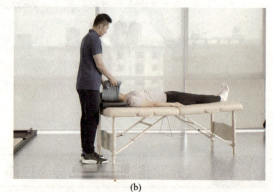

(b)

图4.4

技术应用分析：

不良身体姿势引起的头前引、睡姿不正确引起的落枕等均会导致颈部周边肌群紧张，可使用颈部阶段的三个动作进行肌肉紧张改善，以解决头前引及落枕等颈部不适。

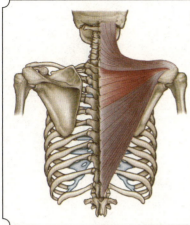

斜方肌，位于项部和背部的皮下，一侧呈三角形，左右两侧相合成斜方形。斜方肌将肩带与颅底和椎骨连在一起，起悬吊肩带骨的作用。

主要功能：
- 上部纤维——使肩胛上回旋、上提、后缩。
- 中束纤维——使肩胛后缩、上回旋。
- 下部纤维——使肩胛下降、上回旋。

一侧上部肌束收缩，使头向同侧屈和向对侧旋转，两侧同时收缩，使头后仰和脊柱伸直。

特别提示：青少年或者老年，加强斜方肌锻炼，有助于预防驼背。

4.2.4 肩内旋肌群被动静态拉伸

- 准备动作：

锻炼者仰卧，右肩外展及肘屈 90 度。
教练站于锻炼者身体右侧，将毛巾对折垫于肘关节处 [图 4.5（a）]。

- 拉伸技巧：

教练右手固定锻炼者右侧盂肱关节，左手抓握锻炼者前臂末端，将锻炼者肩关节外旋 [图 4.5（b）]。

- 提示：

避免外旋动作执行时出现肱骨头前移。
手肘垫毛巾目的为恢复肱骨在肩胛平面。

4.2.5 肩外旋肌群被动静态拉伸

- 准备动作：

锻炼者仰卧，右肩外展及肘屈 90 度。

第二部分 运动拉伸技术

4. 被动静态拉伸

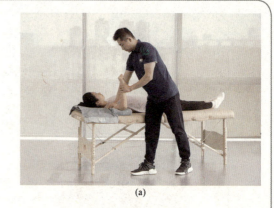

(a)

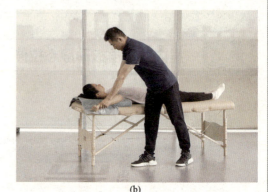

(b)

图4.5

肩内旋肌群被动静态拉伸

教练站于锻炼者身体右侧,将毛巾折叠垫于肘关节处[图4.6(a)]。

- 拉伸技巧:

教练右手固定锻炼者右侧盂肱关节,左手抓握锻炼者前臂末端,将锻炼者肩关节内旋[图4.6(b)]。

- 提示:

避免内旋动作执行时出现肱骨前移

手肘垫毛巾目的是使肱骨恢复在肩胛平面上。

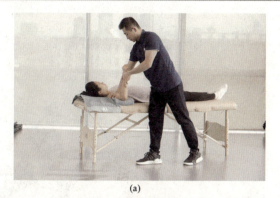

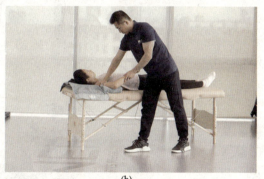

图4.6

肩外旋肌群被动静态拉伸

4.2.6 前臂伸肌群被动静态拉伸

● 准备动作：

锻炼者仰卧，右肩外展45度，肘关节伸直。

教练坐于锻炼者身体右侧床面。

● 拉伸技巧：

教练右手虎口卡住锻炼者手腕处并进行牵引，左手掌根压锻炼者手背，使其腕屈到最大［图4.7（a）］，再用手指包覆锻炼者的手指进行屈曲［图4.7（b）］。

第二部分 运动拉伸技术

4. 被动静态拉伸

- 提示：

动作执行过程中，如手腕出现挤压痛，可调整牵引力量，减少关节挤压。

(a)

前臂伸肌群被动静态拉伸

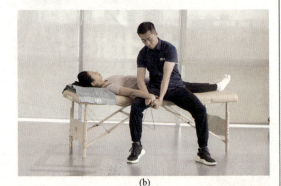
(b)

图4.7

4.2.7 前臂旋后及伸展肌群静态拉伸

- 准备动作：

锻炼者仰卧，右肩外展45度，肘关节伸直。教练坐于锻炼者身体右侧床面[图4.8（a）]。

- 拉伸技巧：

　　教练左手大拇指抓住锻炼者小鱼际，食指卡住锻炼者手背，让锻炼者前臂旋前及腕屈至最大幅度，右手帮助锻炼者四指关节屈曲［图4.8（b）］。

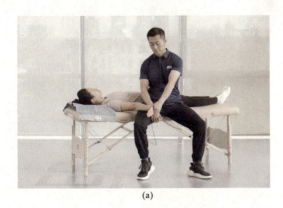

(a)

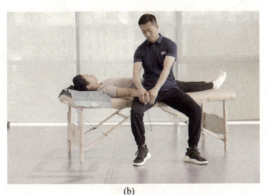

(b)

图4.8

前臂旋后及伸展肌群静态拉伸

4.2.8　前臂屈曲及旋前肌群被动静态拉伸

- 准备动作：

　　锻炼者仰卧，右肩外展45度，肘关节伸直。
　　教练坐于锻炼者身体右侧床面［图4.9（a）］。

4. 被动静态拉伸

前臂肌群位于桡骨和尺骨的周围，多为具有长腱的长肌。肌肉以位置和机能命名。主要有肱桡肌、旋前圆肌、桡侧腕屈肌、尺侧腕屈肌和指浅屈肌等肌群。

主要功能：使前臂在肘关节处屈曲，前臂旋前（内）或旋后（外），腕关节屈曲及外展。

肌肉参与动作：杠铃腕屈伸、反手引体向上、掰手腕等。

● 拉伸技巧：

教练右手虎口卡住锻炼者手腕处并向外牵引，左手固定锻炼者四指。

教练下压锻炼者手掌使其腕伸到最大，其余手指帮助锻炼者指伸到最大，最后再上拉帮助锻炼者前臂旋后[图4.9（b）]。

● 提示：

动作执行过程中，手腕出现挤压痛，右侧手可给予向外牵引张力。

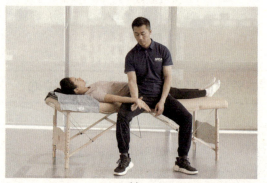

(a)

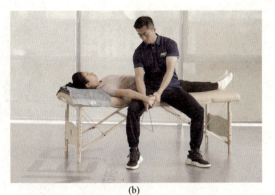

前臂屈曲及旋前肌群
被动静态拉伸

(b)

图4.9

4.2.9 手掌肌群被动静态拉伸

- 准备动作：

锻炼者仰卧，右肩外展45度，肘关节伸直。
教练坐于锻炼者身体右侧床面[图4.10（a）]。

- 拉伸技巧：

教练右手握住锻炼者拇指和大鱼际，左手握住锻炼者其余四指

教练左手下压手掌将锻炼者腕关节及指关节伸展至最大幅度，右手往斜后方向发力，使锻炼者拇指外展及后伸[图4.10（b）]。

- 提示：

此动作为较小肌群拉伸，在施力时注意缓慢平稳发力。

4.2.10 掌指间肌群被动静态拉伸（1）

- 准备动作：

锻炼者仰卧，右肩外展，小臂垂直于地面。

第二部分 运动拉伸技术

4. 被动静态拉伸

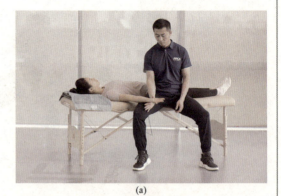

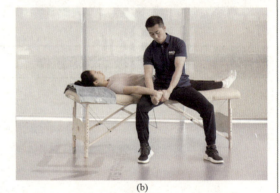

手掌肌群被动静态拉伸

图 4.10

教练坐于锻炼者身体右侧床面 [图 4.11（a）]。

- 拉伸技巧：

锻炼者右手腕保持中立位，指间关节屈曲

教练左手固定锻炼者手背，右手包裹锻炼者四指屈曲到最大，再向后推动让锻炼者第一指关节伸展 [图 4.11（b）]。

- 提示：

以滚动形式进行施力。

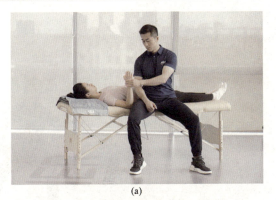

(a)

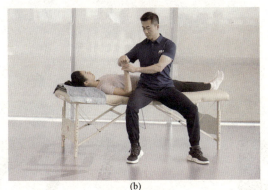

(b)

图4.11

掌指间肌群被动静态拉伸（1）

4.2.11　掌指间肌群被动静态拉伸（2）

● 准备动作：

锻炼者仰卧，右肩外展，小臂垂直于地面。

教练坐于锻炼者身体右侧床面［图4.12（a）］。

● 拉伸技巧：

锻炼者右手腕保持中立位，指间关节屈曲，且五指分开。

教练左手固定锻炼者手背，右手手指与锻炼者四指间隙相扣，进行向后推动［图4.12（b）］。

第二部分 运动拉伸技术

4. 被动静态拉伸

- 提示:

以滚动形式进行施力。

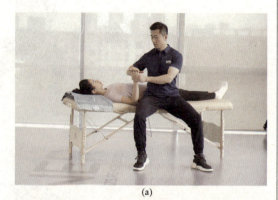

(a)

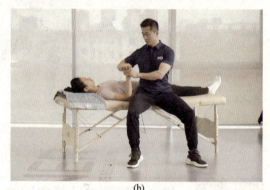

(b)

图 4.12

掌指间肌群被动静态拉伸(2)

技术应用分析:

网球、羽毛球及乒乓球运动中各种扣球及杀球训练多次重复后,前臂肌群易过度紧张。日常工作及生活中,多数互联网从业人员长时间使用键盘和鼠标,前臂及手掌肌群也易出现肌肉过度疲劳,容易产生损伤,影响生活及工作。

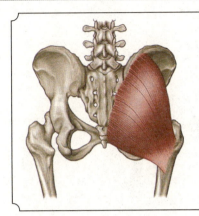

臀大肌是髋部后群肌之一，位于臀部皮下。

主要功能：

使大腿在髋关节处伸和旋外；肌肉的上半部收缩可使大腿外展，下半部收缩可使大腿内收。一侧收缩，骨盆转向对侧。两侧同时收缩，使骨盆后倾，并使躯干后伸，维持身体战立时的平衡。

4.2.12　臀部肌群被动静态拉伸（1）

● 准备动作：

锻炼者仰卧，手臂自然放松置于床面。

教练站于锻炼者身体左侧，将锻炼者右脚放在左侧膝关节外侧［图4.13（a）］。

● 拉伸技巧：

教练右手固定锻炼者右侧髂前上棘，左手垂直置于锻炼者右侧膝关节外侧。

教练左侧手掌用力将锻炼者膝关节朝左侧骨盆方向推动［图4.13（b）］。

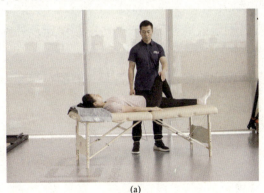

(a)

图4.13

臀部肌群被动静态拉伸（1）

第二部分 运动拉伸技术
4. 被动静态拉伸

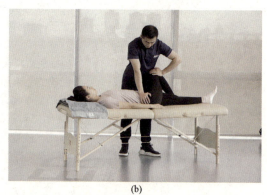

图 4.13

4.2.13　臀部肌群被动静态拉伸（2）

- 准备动作：

锻炼者仰卧，手臂自然放松置于床面。

教练站于锻炼者身体左侧，教练将锻炼者右腿屈髋 90 度、屈膝 90 度，脚踝固定于身体侧面，维持髋外旋［图 4.14（a）］。

- 拉伸技巧：

教练右肘固定锻炼者膝关节，协助髋稳定及外旋，左手按压固定锻炼者另一条腿。

教练身体重心前移，将锻炼者膝关节朝右侧肩部方向推动［图 4.14（b）］。

- 提示：

拉伸过程中保持髋外旋角度，使锻炼者膝关节对准同侧肩膀。

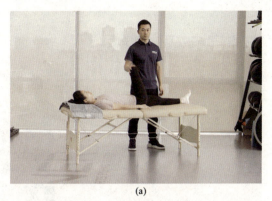

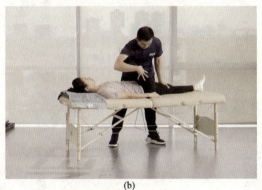

臀部肌群被动静态拉伸（2）

图 4.14

4.2.14　臀部肌群被动静态拉伸（3）

- 准备动作：

锻炼者仰卧，手臂自然放松置于床面。

教练站于锻炼者身体左侧，教练将锻炼者右腿屈膝 45 度，髋关节屈曲、内收，将锻炼者脚踝固定于教练臀部外侧或腿外侧 [图 4.15（a）]。

- 拉伸技巧：

教练左手固定锻炼者左腿，右前臂压锻炼者膝外侧，使其指向对侧肩膀做髋屈 [图 4.15（b）]。

第二部分 运动拉伸技术

4. 被动静态拉伸

- 提示：

拉伸过程中保持髋内收及外旋角度。

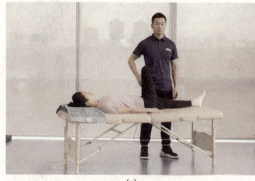

(a)

臀部肌群被动静态拉伸（3）

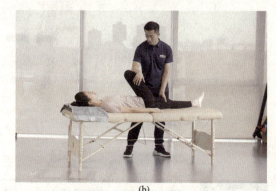

(b)

图 4.15

4.2.15　阔筋膜张肌被动静态拉伸（1）

- 准备动作：

锻炼者仰卧，手臂自然放松置于床面。

教练站于锻炼者身体左侧偏下方，教练将锻炼者左腿髋屈、膝屈，左脚踝置于右膝外侧 [图 4.16（a）]。

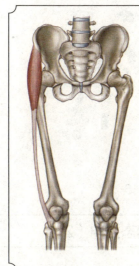

阔筋膜张肌位于大腿前外侧,肌腹被包在阔筋膜的两层之间,向下为髂胫束。

主要功能:

使髂胫束紧张,使大腿屈和旋内。在跑步及走路过程中,阔筋膜张肌以对抗髋部向侧边移动的力量维持髋部稳定性。跑步爱好者如果阔筋膜张肌过度紧张,极易出现膝关节外侧疼痛。

● 拉伸技巧:

教练将锻炼者右腿内收至床左侧,锻炼者脚踝露出,教练用大腿外侧抵住。教练左手掌根固定锻炼者右侧髂骨,右手稳定锻炼者左膝外侧,防止骨盆扭转。教练身体重心右移带动锻炼者髋内收[图4.16(b)]。

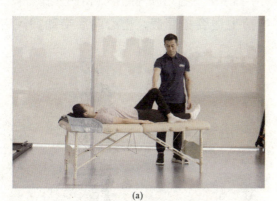

(a)

图4.16

阔筋膜张肌被动静态拉伸(1)

第二部分 运动拉伸技术

4. 被动静态拉伸

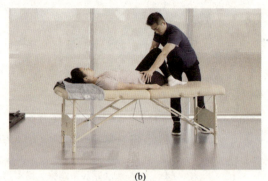

(b)

图 4.16

4.2.16 阔筋膜张肌被动静态拉伸（2）

● 准备动作：

锻炼者仰卧，手臂自然放松置于床面。

教练站于锻炼者身体左侧下方，教练左手抓住锻炼者右脚踝，使锻炼者膝屈并带动髋内收[图4.17（a）]。

● 拉伸技巧：

教练右手置于锻炼者右膝内侧，保持髋外旋。

教练维持上述姿势屈髋，重心向后带动锻炼者更多髋内收[图4.17（b）]。

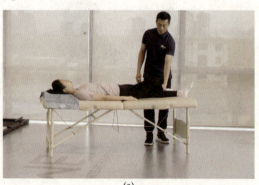

(a)

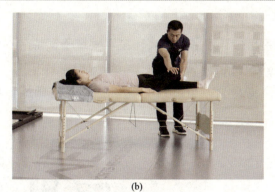

阔筋膜张肌被动静态拉伸（2）

(b)

图 4.17

腘绳肌位于大腿后侧，包括半腱肌、半膜肌、股二头肌，腘绳肌与强有力的股四头肌相对应。

主要功能：

股二头肌长头、半腱肌、半膜肌收缩动作是髋伸展和膝屈曲，股二头肌短头收缩动作是膝屈曲。

腘绳肌收缩的主要功能为屈膝和后伸髋关节，维持膝关节稳定性，尤其是防止胫骨过度前向错动，日常运动中易发生腘绳肌的扭伤、撕裂等形式的损伤。

4.2.17　腘绳肌被动静态拉伸（1）

● 准备动作：

锻炼者仰卧，手臂自然放松置于床面。

锻炼者维持骨盆中立位。

教练弓步站于锻炼者身体右侧 [图 4.18（a）]。

125

第二部分 运动拉伸技术

4. 被动静态拉伸

- 拉伸技巧：

教练将锻炼者右腿髋屈至最大，左手固定于锻炼者右侧大腿后，右手掌心包裹锻炼者跟骨。

教练右手保持直臂，身体重心前移推动，使锻炼者膝伸展[图4.18（b）]。

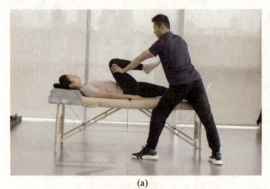
(a)

腘绳肌被动静态拉伸（1）

(b)

图4.18

4.2.18　腘绳肌被动静态拉伸（2）

- 准备动作：

锻炼者仰卧，手臂自然放松置于床面。

左腿以固定带固定，维持骨盆中立位。

教练弓步站于锻炼者身体右侧，右腿髋屈曲80度[图4.19（a）]。

● 拉伸技巧：

教练左手固定锻炼者右膝，右手掌心包裹锻炼者跟骨，手臂保持伸直。

保持锻炼者膝伸展，教练身体重心前移，推锻炼者脚跟进行髋屈及远处延伸[图4.19（b）]。

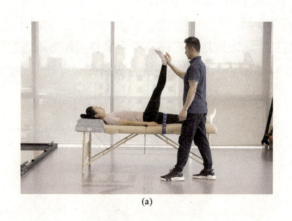

(a)

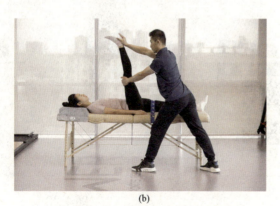

(b)

图4.19

腘绳肌被动静态拉伸（2）

4.2.19 腘绳肌被动静态拉伸（3）

● 准备动作：

锻炼者仰卧，手臂自然放松置于床面。

左腿以固定带固定，维持骨盆中立位。

教练弓步站于锻炼者身体右侧，将锻炼者膝伸直、髋屈并外展15度~30度[图4.20（a）]。

● 拉伸技巧：

教练右手固定锻炼者右膝，左手掌心包裹锻炼者跟骨。

教练身体重心前移，推锻炼者脚跟向前移动，使髋屈幅度增加[图4.20（b）]。

腘绳肌被动静态拉伸（3）

(a)

(b)

图4.20

4.2.20　腘绳肌被动静态拉伸（4）

● 准备动作：

锻炼者仰卧，手臂自然放松置于床面，左腿以固定带固定，维持骨盆中立位。

教练站于锻炼者身体左侧，将锻炼者右脚踝置于自己三角肌粗隆处，使锻炼者右侧髋屈，膝伸直，且髋内收15度～30度［图4.21（a）］。

● 拉伸技巧：

教练身体重心前移，施力将锻炼者右腿向前移动［图4.21（b）］。

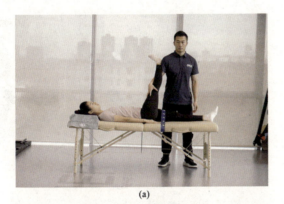

(a)

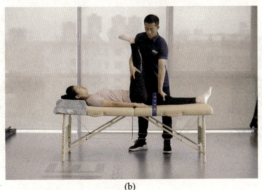

(b)

图4.21

腘绳肌被动静态拉伸（4）

4.2.21 大腿内收肌群被动静态拉伸

- 准备动作：

锻炼者仰卧，手臂自然放松置于床面。

教练站于锻炼者身体右侧，左手托住锻炼者脚踝，使其脚尖朝上固定于自己大腿外侧，右手固定锻炼者另一条腿[图4.22（a）]。

- 拉伸技巧：

教练身体重心前移，施力将锻炼者右腿向外侧打开[图4.22（b）]。

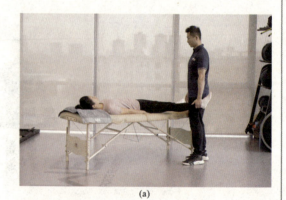

(a)

大腿内收肌群被动静态拉伸

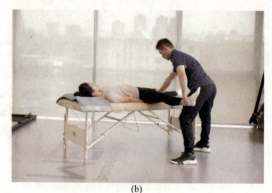

(b)

图4.22

胫骨前肌位于小腿前外侧,紧贴胫骨外侧面,外侧上方与趾长伸肌、下方与长伸肌相邻。此肌收缩,可使足在踝关节处伸(背屈)、足内收和旋外(足内翻)。另外,还有维持内侧足弓高度的作用。

4.2.22 胫骨前肌被动静态拉伸

● 准备动作:

锻炼者仰卧,手臂自然放松置于床面。

教练弓步站于锻炼者下方,背部挺直,将毛巾对折垫于锻炼者右侧脚踝下,给予充足的跖屈活动空间,锻炼者主动勾脚尖至最大幅度[图4.23(a)]。

● 拉伸技巧:

教练左手掌心固定锻炼者胫骨前肌上部,伴有向上的推力,右手握住锻炼者脚背进行踝跖屈和足外翻[图4.23(b)]。

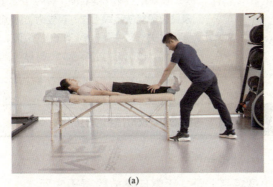

(a)

图4.23

第二部分 运动拉伸技术

4. 被动静态拉伸

腓骨前肌被动静态拉伸

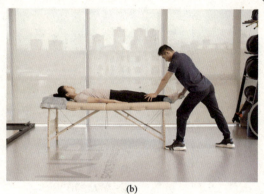

图 4.23

腓肠肌位于小腿后侧，有内、外两头，腓肠肌在行走及站立时能使足跟上提，直立时，腓肠肌与比目鱼肌一同强固膝关节，并调节小腿和足的位置。腓肠肌还可影响足的纵弓，该肌无力或萎缩时，足纵弓将加深。

4.2.23 腓肠肌被动静态拉伸

● 准备动作：
锻炼者仰卧，手臂自然放松置于床面。

教练站于锻炼者身体右侧,右脚踩在床面上,将锻炼者右小腿置于自己的大腿上[图4.24(a)]。

- 拉伸技巧:

教练左手固定锻炼者右膝,保持伸直,右手掌心包住锻炼者跟骨,前臂抵住锻炼者前脚掌。

教练身体重心侧移,手臂带动锻炼者脚踝背屈[图4.24(b)]。

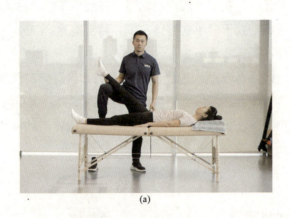

(a)

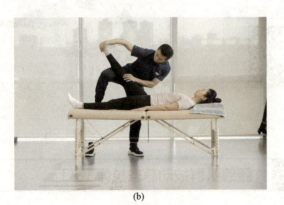

(b)

图4.24

腓肠肌被动静态拉伸

技术应用分析：

日常慢跑、马拉松及较大负荷深蹲训练等，下肢肌群易过度紧张及疲劳，反应较明显。

4.2.24 腰部肌群被动静态拉伸（1）

● 准备动作：

锻炼者仰卧，右侧下肢屈膝屈髋，右脚置于左侧膝关节外侧。教练弓步站立于锻炼者身体左侧，背部挺直。

● 拉伸技巧：

教练把锻炼者左腿向内侧压，让锻炼者骨盆向左侧旋转，然后用右手固定锻炼者右侧肩部，教练前臂与锻炼者锁骨平行。

教练左手置于锻炼者腰骶处，教练身体扭转带动锻炼者躯干旋转（图4.25）。

腰部肌群被动静态拉伸（1）

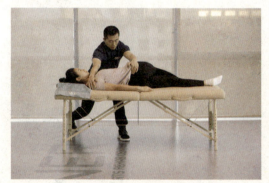

图4.25

4.2.25 腰部肌群被动静态拉伸（2）

● 准备动作：

锻炼者仰卧，维持骨盆中立位。

教练背对锻炼者将锻炼者右腿髋屈90度、膝屈90度，且骨盆扭转，从锻炼者小腿后侧跨坐在床边[图4.26（a）]。

● 拉伸技巧：

教练左手置于锻炼者膝外侧，向下压，尽量低于水平面，右手置于锻炼者脚踝前侧固定。

教练身体向右侧转动，带动锻炼者躯干旋转[图4.26（b）]。

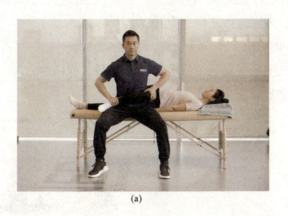

(a)

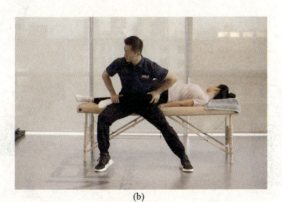

(b)

图4.26

腰部肌群被动静态拉伸（2）

4.3 被动静态拉伸——俯卧位

4.3.1 股四头肌被动静态拉伸（1）

- 准备动作：

锻炼者俯卧，手臂自然放置于床面。

教练站立于锻炼者身体右侧，左手抓住锻炼者右脚踝，把大腿抬离床面，放到教练左腿上［图4.27（a）］。

- 拉伸技巧：

教练右肘压住锻炼者同侧坐骨，使骨盆保持中立位，左手压锻炼者脚踝使其膝屈［图4.27（b）］。

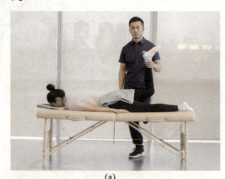

(a)

股四头肌被动静态拉伸（1）

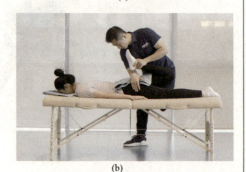

(b)

图4.27

4.3.2 股四头肌被动静态拉伸（2）

● 准备动作：

锻炼者俯卧，手臂自然放置于床面。

教练背对锻炼者坐于床边，右手放于其右膝内侧，腋下固定脚踝，左手扶住大腿末端 [图 4.28（a）]。

● 拉伸技巧：

教练分腿站立，右肘固定锻炼者骨盆，身体向后下压，使锻炼者屈膝到最大，再挺髋带动锻炼者髋伸 [图 4.28（b）]。

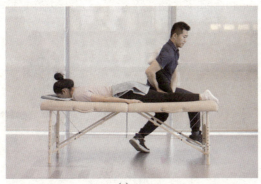

(a)

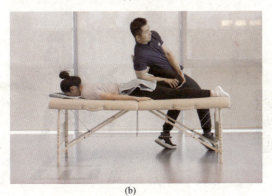

(b)

图 4.28

股四头肌被动静态拉伸（2）

第二部分 运动拉伸技术

4. 被动静态拉伸

4.3.3 髋外旋肌群被动静态拉伸

● 准备动作：

锻炼者俯卧，手臂自然放置于床面。

教练自然站立于锻炼者身体右侧，右侧膝关节屈曲90度[图4.29（a）]。

● 拉伸技巧：

教练右肘向内推固定锻炼者右侧骨盆（阔筋膜张肌位置），左手抓握锻炼者膝前内侧，前臂紧贴锻炼者小腿。

教练身体重心向后向下，使锻炼者髋关节进行内旋[图4.29(b.)]。

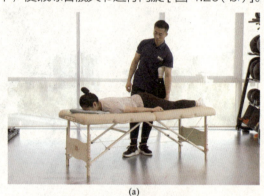

(a)

髋外旋肌群被动静态拉伸

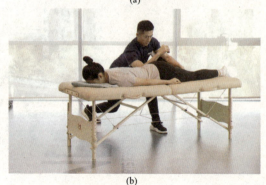

(b)

图4.29

技术应用分析：

以上髋部内旋及股四头肌、屈髋肌群拉伸技术对于日常走路及跑步姿势不正确、骨盆前倾等问题能更有针对性地解决。

4.4 被动静态拉伸——侧卧位

4.4.1 胸大肌中束被动静态拉伸

- 准备动作：

锻炼者向左侧卧，下肢屈髋屈膝。

教练坐于床沿，靠近锻炼者胸椎区域固定躯干，将锻炼者右手臂摆放至肩部水平外展略小于90度，肘屈90度[图4.30（a）]。

- 拉伸技巧：

教练右手置于锻炼者前臂前侧，左手抓握锻炼者肘部，通过身体侧屈带动增加其肩部水平外展幅度[图4.30（b）]。

- 提示：

切勿出现胸椎旋转代偿现象。

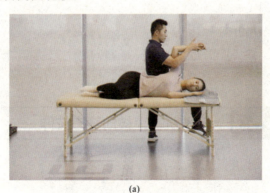

(a)

图4.30

第二部分 运动拉伸技术

4. 被动静态拉伸

胸大肌中束被动静态拉伸

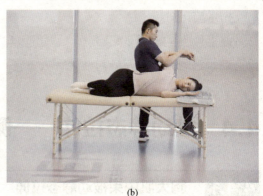

(b)

图 4.30

4.4.2 胸大肌下束被动静态拉伸

● 准备动作：

锻炼者向左侧卧，下肢屈髋屈膝。

教练坐于床沿，靠近锻炼者胸椎区域固定躯干，锻炼者右手臂屈曲，手掌置于头后。

教练左手固定锻炼者手背，右手置于锻炼者肘部内侧［图 4.31（a）］。

● 拉伸技巧：

教练向锻炼者肘部施加斜向后上方的推力，增加其肩水平外展幅度［图 4.31（b）］。

4.4.3 三角肌前束被动静态拉伸

● 准备动作：

锻炼者向左侧卧，下肢屈髋屈膝。

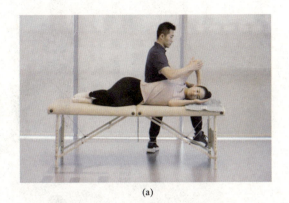

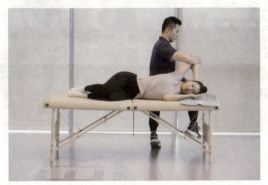

图 4.31

胸大肌下束被动静态拉伸

教练坐于床沿,靠近锻炼者胸椎区域固定躯干,将锻炼者右手臂肘屈,摆放至肩关节后伸位 [图 4.32(a)]。

- 拉伸技巧:

教练右手固定锻炼者肩胛骨,左手推住锻炼者肘部。

教练向锻炼者肘部施加向后的推力,增加其肩关节后伸幅度 [图 4.32(b)]。

第二部分 运动拉伸技术

4. 被动静态拉伸

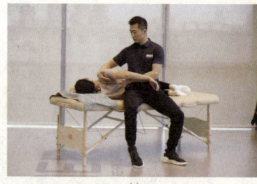

(a)

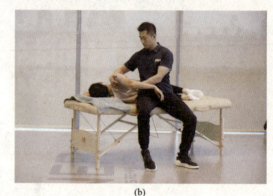

(b)

图4.32

三角肌前束被动静态拉伸

4.4.4　肱二头肌被动静态拉伸

● 准备动作：

锻炼者向左侧卧，下肢屈髋屈膝。

教练坐于床沿，靠近锻炼者胸椎区域固定躯干，将锻炼者右手臂保持伸直，摆放至肩外展、后伸及前臂旋前位[图4.33（a）]。

● 拉伸技巧：

教练右手固定锻炼者肩胛骨，左手抓握锻炼者手腕。

教练向锻炼者腕部施加向后推力,增加其肩关节后伸幅度[图4.33(b)]。

● 提示:

切勿出现明显肩部耸起、躯干旋转等代偿动作。

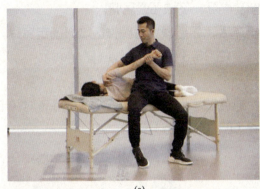

(a)

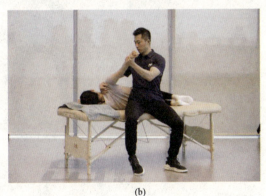

(b)

图4.33

肱二头肌被动静态拉伸

技术应用分析:

日常生活中,常常能见到很多含胸驼背的人,不良姿态的产生往往与胸部肌群过度紧张有很大关系,肩部及肱二头肌紧张也会造成不良的身体姿态,所以想要改善含胸驼背等问题,可尝试进行以上几个拉伸动作。

4.4.5 肱三头肌被动静态拉伸

● 准备动作：

锻炼者向左侧卧，下肢屈髋屈膝。

教练坐于床沿，靠近锻炼者胸椎区域，固定身体，将锻炼者右肩屈到最大幅度并固定[图4.34（a）]。

● 拉伸技巧：

教练左手抓握锻炼者前臂末端，屈曲锻炼者肘关节，使其手掌对准同侧肩膀[图4.34（b）]。

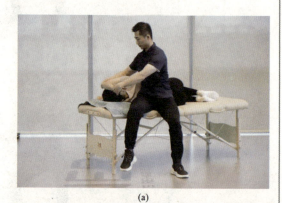

(a)

肱三头肌被动静态拉伸

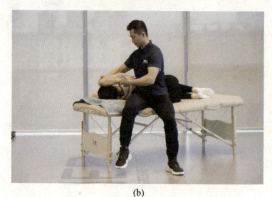

(b)

图4.34

- 提示：

伸动作执行时，切勿出现明显肋骨外翻现象。

4.4.6 腘绳肌被动静态拉伸

- 准备动作：

锻炼者向左侧卧，左腿略微髋伸、屈膝放松。

教练面对锻炼者分腿站立，将锻炼者右腿伸直、屈髋，脚踝置于教练髋部 [图4.35（a）]。

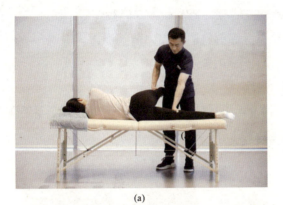

(a)

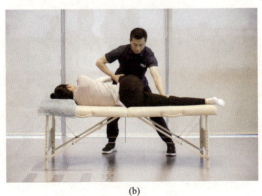

(b)

图4.35

腘绳肌被动静态拉伸

- 拉伸技巧：

教练左手固定锻炼者左腿，右手扶住锻炼者右侧膝盖并伸直，身体重心向右，顶髋进行伸展［图4.35（b）］。

- 提示：

锻炼者骨盆出现扭转，需身体重心前移把骨盆固定在中立位。

4.4.7 臀部肌群被动静态拉伸

- 准备动作：

锻炼者向左侧卧，骨盆微微向后倾斜。

教练面对锻炼者身体站立，背部挺直，锻炼者右腿脚踝置于左侧膝关节上方［图4.36（a）］。

- 拉伸技巧：

教练右手置于锻炼者髂前上棘固定骨盆，左手置于锻炼者膝关节外侧，施力使膝关节向下［图4.36（b）］。

臀部肌群被动静态拉伸

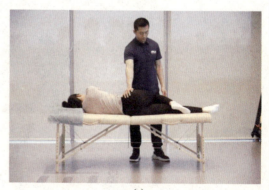

(a)

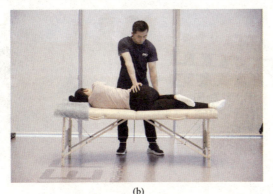

(b)

图 4.36

4.4.8 髋屈曲肌群被动静态拉伸

● 准备动作：

锻炼者向左侧卧，左腿屈髋屈膝。

教练坐于锻炼者后侧，臀部抵住锻炼者髋关节，左手置于锻炼者膝关节上方，右手抓握脚踝[图4.37（a）]。

● 拉伸技巧：

教练身体向右侧旋转，将锻炼者右腿髋后伸到最大[图4.37（b）]。

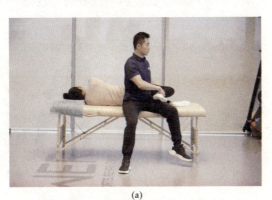

(a)

图 4.37

第二部分 运动拉伸技术

4. 被动静态拉伸

髋屈曲肌群被动静态拉伸

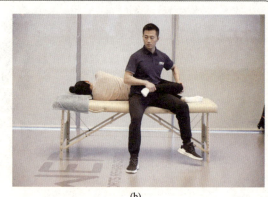

(b)

图 4.37

4.4.9 阔筋膜张肌被动静态拉伸

- 准备动作：

锻炼者向左侧卧位，左腿屈髋屈膝。

教练坐于锻炼者后侧，臀部抵住锻炼者髋关节，左手置于锻炼者膝关节外侧，右手抓握脚踝[图 4.38（a）]。

- 拉伸技巧：

教练将锻炼者右腿髋后伸且膝关节屈曲。

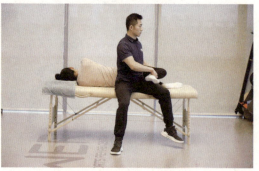

(a)

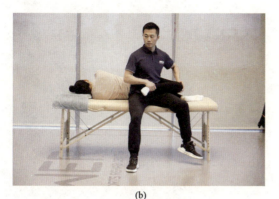

阔筋膜张肌被动静态拉伸

图4.38

教练身体向右侧旋转，带动锻炼者髋关节后伸，左手施加向下的力，使锻炼者髋内收[图4.38（b）]。

4.5 被动静态拉伸-坐姿位

4.5.1 胸椎旋转肌群被动静态拉伸

- 准备动作：

锻炼者双腿分开跨坐于拉伸床上，背部挺直。

教练站立于锻炼者右侧，左手穿过锻炼者腋下，手掌置于锻炼者肩关节前侧，右手固定于锻炼者左侧肩胛骨下角[图4.39（a）]。

- 拉伸技巧：

教练依靠身体扭转右手推、左手拉，带动锻炼者躯干水平旋转[图4.39（b）]。

第二部分 运动拉伸技术

4. 被动静态拉伸

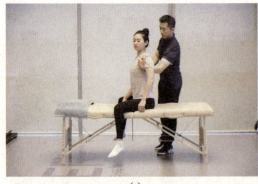

胸椎旋转肌群被动静态拉伸

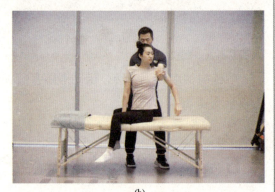

图 4.39

4.5.2 腰方肌被动静态拉伸

- 准备动作：

锻炼者双腿分开跨坐于拉伸床上，背部挺直。

教练站立于锻炼者身体右侧，将锻炼者双手交叉，锻炼者右手置于自己左膝关节上方[图4.40（a）]。

- 拉伸技巧：

教练右手抓握锻炼者左手腕，左手置于锻炼者肩胛骨。

请锻炼者身体拔高向对侧屈，教练双手轻微施力引导方向和幅度［图4.40（b）］。

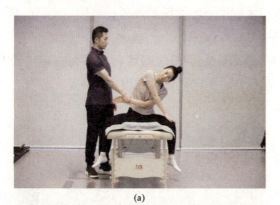

(a)

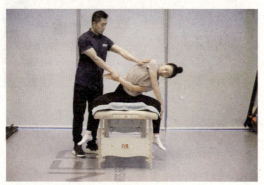

(b)

图4.40

腰方肌被动静态拉伸

4.5.3 背阔肌被动静态拉伸

● 准备动作：

锻炼者左腿伸直，右腿屈膝，右脚贴于内侧膝关节，坐于拉伸床上。

教练站立于锻炼者身体右前方，将锻炼者左手放于右膝上，教练与其手背相扣并固定［图4.41（a）］。

4. 被动静态拉伸

● 拉伸技巧：

锻炼者右手放于胸椎区域肩外展、肘屈，教练小臂与其大臂略微交叉，维持其肩外展位。

教练保持重心，左手压住锻炼者左手，右臂带动锻炼者肩外展，躯干对侧旋转、侧屈和微微前屈［图4.41（b）］。

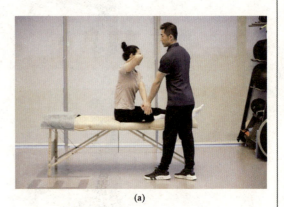
(a)

背阔肌被动静态拉伸

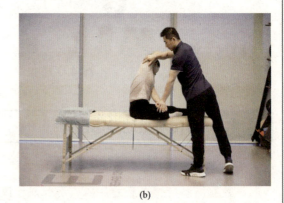
(b)

图4.41

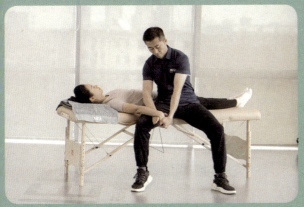

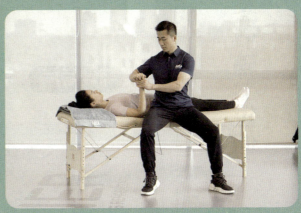

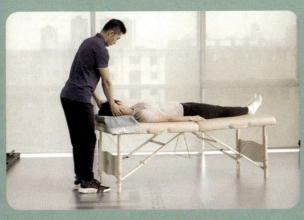

第二部分 运动拉伸技术

5. 主动关节辅助拉伸

知识目标

1. 熟知主动关节辅助拉伸的技术特点
2. 了解主动关节辅助拉伸的应用场景、人群及技术作用

能力目标

掌握主动关节辅助拉伸的应用方法、注意事项，并根据运动员或锻炼者需求进行接近专项动作设定及技术执行

素质目标

从关节角度出发看待灵活性不足的问题

5.1 主动关节辅助拉伸信息

5.1.1 主动关节辅助拉伸

主动关节辅助拉伸是通过借助阻力带、泡沫滚轴及其他拉伸工具来产生"矢量力"。通俗来讲相当于一个"楔子",将关节内骨与骨分开。由于人体活动的关节以滑膜关节为主,其内部滑膜层可分泌滑液起到润滑作用。当关节周边软组织过紧,或是不良的动作质量,将导致关节内空间减少,从而增加内部关节面摩擦,导致过度劳损等问题。如果把关节面分离,便能为关节内部提供更多的"空间",让滑液填充进去从而减少关节表面间的摩擦,且允许更多的关节运动间隙,借此达到关节功能及活动幅度的改善。关节辅助拉伸还能在动作过程中增加关节动作讯号输入,达到修正动作控制,增加主动动作幅度的效果。

主动关节辅助拉伸通常用于准备活动期间,锻炼者借此达到更好的关节活动度;对于关节受限的锻炼者,教练也可以利用关节辅助拉伸,协助锻炼者获取更大的关节活动度,减少运动中代偿引起的问题。

进行主动关节辅助拉伸时,锻炼者可模拟专项训练的动作。如举重运动员,高举过顶的动作,会出现轻微弹响及不适感。准备活动期间可加入肩部活动的辅助拉伸,动作重复约 10 次。每次逐渐加大运动幅度,按需要重复 2～3 组。由于主动关节辅助拉伸的目标是恢复关节内附属运动,从而改善关节活动幅度,所以不必过分把肌肉拉伸感作为有效性的评定方式。

5.1.2 主动关节辅助拉伸的作用

主动关节辅助拉伸针对改善的是关节囊相关的问题。关节囊是滑液关节在解剖学上的一个构造,其包含两层:外层为纤维膜(Fibrous Membrane),内层是滑液膜(Synovial Membrane),如图 5.1 所示。纤维膜为白色的外层,与邻近的肌肉共享

5. 主动关节辅助拉伸

神经；滑液膜为内层，具有分泌功能，可分泌滑液保护关节软骨。关节软骨无血管，依赖于滑液中营养的被动扩散。

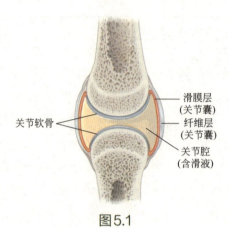

图5.1

在进行主动关节辅助拉伸与被动关节牵引时，都会对关节囊有拉扯的作用。关节囊外层的纤维膜富含纤维母细胞，纤维母细胞在拉扯的应力下会增加胶原蛋白的分泌，促进纤维膜健康。因此这两种拉伸技术对关节囊健康有促进作用。

此外关节囊中的感觉接收器主要分为以下五种：鲁菲尼小体、帕奇尼小体、肌梭、高尔肌腱器及自由神经末梢。鲁菲尼小体主要感受慢速的关节活动讯号、帕奇尼小体主要接收快速移动和有振动的讯号、自由神经末梢则接收关节内痛觉。关节内的接收器分布与含量在每一个关节内皆有所不同，这表示教练在使用不同的主动关节辅助技术时，针对不同部位的关节应使用不同的拉扯速度或方法。比如说肘关节的鲁菲尼小体含量远高于其他感受器，其次是帕奇尼小体，因此针对肘关节的主动关节辅助拉伸宜选用慢速的动作与较缓的频率。

踝关节囊则是帕奇尼小体数目最高；肩关节、膝关节则是鲁菲尼小体含量高（表5.1）。由上述可知不同的关节适用不一样的动作频率，这一现象其实在传统的康复治疗中也能看到。帕奇尼小体含量较多的关节较为适用快速的动作技巧，而慢速的动作技巧更适用于鲁菲尼小体含量较多的关节。教练可以利用关节囊接受器安排动作，从而达到促进活动范围的效果。

表5.1 关节主要感受器及拉伸建议

关节	主要感受器	拉伸建议
肩关节	鲁菲尼小体	慢速牵拉持续或稳定的动作速度
肘关节	鲁菲尼小体	慢速牵拉持续或稳定的动作速度
髋关节	鲁菲尼小体	慢速牵拉持续或稳定的动作速度
膝关节	鲁菲尼式体	慢速牵拉持续或稳定的动作速度
踝关节	帕奇尼小体	快速地滑动技巧，速度快次数少

除了神经相关的原因之外，关节辅助拉伸也会对滑液囊产生影响。一般而言关节滑液囊内具有丰富的滑液，让关节可以滑动、滚动或转动。但是在动作控制障碍产生问题的人群中，因关节紧缩而减少了空间，关节内压力增加又会减少可以顺畅滑动的位置。滑液的作用除了润滑之外，还用来帮助软骨进行营养交换。因此动作控制障碍的锻炼者，其软骨也会缺少养分，导致关节活动力下降。在拉扯与主动活动、被动活动的状况下，强迫关节产生滑动、转动与滚动，以此形成滑液囊内压力的变化，促进渗透作用，最终帮助关节内营养代谢、降低关节内压力，增加关节的活动度。

5.1.3 主动关节辅助拉伸的注意事项

教练应该根据锻炼者肌肉紧绷程度及关节位置选择合适的阻力带。如果锻炼者是一个重量级的举重运动员，需要使用阻力更大的阻力带。但如果运动项目是以敏捷协调为主的，比如跑步员，较轻的阻力带则更适合。当然，重点是阻力带的张力，能影

第二部分 运动拉伸技术

5. 主动关节辅助拉伸

响关节，也为关节提供"空间"。另外阻力带的锚点与锻炼者的身体位置，对关节的辅助拉伸效果有很大的影响。教练需要清楚指导锻炼者，才能为关节获取良好的附属运动，并带来有效的关节活动提升。

5.1.4 主动关节辅助拉伸应用相关技术

凹凸原则是关节附属运动在治疗技术中所遵循的一种运动规律。关节附属运动指的是正常关节活动范围内具有的关节内或关节周围组织的动作，包括：关节面的牵张、挤压、滑动、滚动等。这些动作是关节在生理范围之外，解剖范围之内完成的被动运动，是关节发挥正常功能不可缺少的运动。在此重点介绍关节的滑动及滚动。滑动是指一个关节面上的特定点和另一个关节面上的不同点逐次接触；滚动是指一个关节面上的不同点和另一个关节面上的不同点逐次接触。

关节表面多以凹凸结构为主。例如肱骨头代表球窝关节的球（凸面）；肩胛骨关节盂代表着球窝关节的窝（凹面）。根据凹凸原则定义，凹面固定，凸面移动时滚动及滑动是相反方向；凸面固定，凹面移动时滚动及滑动是相同方向，如图5.2所示。例如深呼吸是把手往外打开的动作，肱骨头是凸面，关节盂是凹面。由于肩胛骨是相对固定的（凹面固定），肱骨（凸面移动）进行水平往后动作时，会进行向后滚动，同时配合向前滑动的附属动作。如果肱骨向前滑动不足，便会出现关节卡压的情况，影响关节正常活动范围。这时治疗师便会进行关节松动术，协助肱骨向前滑动，改善关节滑动功能，从而恢复关节灵活度。

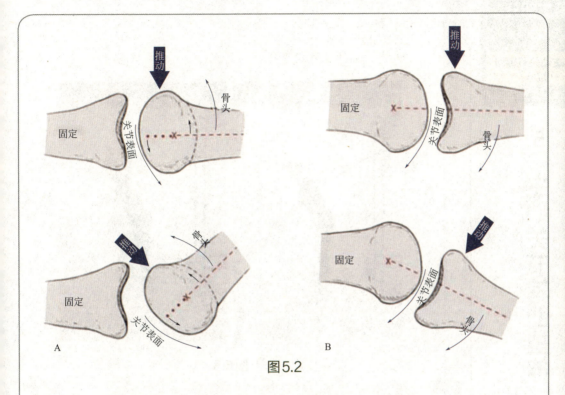

图5.2

5.2 上肢主动关节辅助拉伸技术内容

5.2.1 站姿肩环绕辅助拉伸

- 准备动作：

阻力带锚点固定于左肩后上方，另一端缠绕右侧盂肱关节。锻炼者站姿，脊柱保持中立位，躯干俯身向下，保持阻力带牵张拉力［图5.3（a）］。

- 拉伸技巧：

呼气，右侧手掌旋后，手臂伸直举过头顶，肩部由外向内的

站姿肩环绕
辅助拉伸

环绕转动[图5.3（b）]。

吸气，回到准备动作姿势。

图5.3

5.2.2 跪姿支撑肩屈伸辅助拉伸

- 准备动作：

阻力带锚点固定于右肩外侧，另一端缠绕右侧肱骨近端。

锻炼者跪姿于地面，手肘支撑，背部挺直，保持阻力带牵张拉力[图5.4（a）]。

- 拉伸技巧：

呼气，双手掌心相对，脊柱保持中立位，进行躯干前后移动[图5.4（b）]。

吸气，回到准备动作姿势。

图 5.4

5.2.3 坐姿肩后伸辅助拉伸

● 准备动作：

阻力带锚点固定于左肩后方，另一端缠绕右侧盂肱关节。

锻炼者坐姿，背部挺直，左手支撑于地面。

右手臂伸直，手背放置在泡沫轴或滑垫上，保持阻力带牵张拉力［图5.5（a）］。

● 拉伸技巧：

呼气，脊柱保持中立位，进行右侧肩关节主动后伸［图5.5（b）］。

吸气，回到准备动作姿势。

5. 主动关节辅助拉伸

第二部分 运动拉伸技术
5. 主动关节辅助拉伸

(a)

(b)

坐姿肩后伸辅助拉伸

图 5.5

5.2.4 跪姿支撑腕伸展辅助拉伸

● 准备动作：

阻力带锚点固定于身体斜后方，另一端缠绕在右侧手腕上。

锻炼者跪姿，背部挺直，右手臂伸直支撑于地面。

右手中指朝向左斜上方，左手虎口卡住右手腕，保持阻力带牵张拉力 [图 5.6（a）]。

● 拉伸技巧：

呼气，保持脊柱中立位，进行躯干向左斜上方侧移 [图 5.6（b）]。

吸气，回到准备动作姿势。

(a)

(b)

图 5.6

跪姿支撑腕伸展辅助拉伸

5.2.5 仰卧肩外旋辅助拉伸

- 准备动作:

阻力带一端缠绕右侧肱骨近端,另一端教练脚踩固定。

锻炼者仰卧,右侧肩部水平外展 90 度,肘屈曲 90 度。

教练右手固定锻炼者肩部,锻炼者肘部垫于教练膝盖上方 [图 5.7(a)]。

- 拉伸技巧:

教练保持阻力带牵引拉力的状况下,锻炼者主动进行肩关节外旋 [图 5.7(b)]。阻力带施力方向为垂直向下。

5. 主动关节辅助拉伸

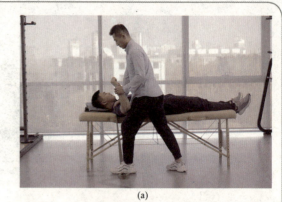

仰卧肩外旋辅助拉伸

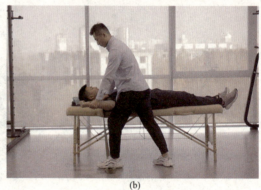

图 5.7

5.2.6 仰卧肩内旋辅助拉伸

● 准备动作：

阻力带一端缠绕右侧肱骨近端，另一端教练脚踩固定。锻炼者仰卧，右侧肩部水平外展 90 度，肘屈曲 90 度。教练左手固定锻炼者肩部，锻炼者肘部垫于教练膝盖上方 [图 5.8（a）]。

● 拉伸技巧：

教练保持阻力带牵引拉力的状况下，锻炼者主动进行肩关节内旋［图5.8（b）］。

阻力带施力方向为垂直向下。

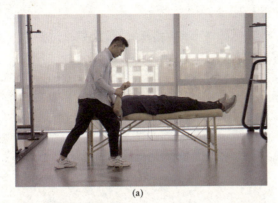

(a)

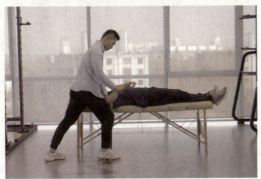

(b)

图5.8

仰卧肩内旋辅助拉伸

5.3 下肢关节辅助拉伸技术内容

5.3.1 弓步髋伸展辅助拉伸（1）

- 准备动作：

阻力带锚点固定于右髋前方，另一端缠绕在右侧臀线下方。

5. 主动关节辅助拉伸

锻炼者弓步跪姿，双手交叉支撑于左侧膝关节上方，保持阻力带牵拉张力［图5.9（a）］。

- 拉伸技巧：

呼气，右侧膝关节向后滑动，双手高举过头顶，进行躯干后仰［图5.9（b）］。

吸气，回到准备动作姿势。

(a)

弓步髋伸展辅助拉伸（1）

(b)

图5.9

5.3.2 弓步髋伸展辅助拉伸（2）

- 准备动作：

阻力带锚点固定于右髋前方，另一端缠绕在右侧臀线下方。

锻炼者弓步跪姿，双手交叉支撑于左侧膝关节上方，保持阻力带牵拉张力[图5.10（a）]。

- 拉伸技巧：

呼气，右侧膝关节向后滑动，左手支撑于左侧膝关节上方，右手抓握脚踝进行膝关节屈曲[图5.10（b）]。

吸气，回到准备动作姿势。

图5.10

弓步髋伸展辅助拉伸（2）

第二部分 运动拉伸技术

5. 主动关节辅助拉伸

5.3.3 高箱弓步髋伸展辅助拉伸

- 准备动作：

阻力带锚点固定于右髋前方，另一端缠绕在右侧臀线下方。锻炼者弓步，左脚踩在高箱上，双手交叉支撑于左侧膝关节上方，保持阻力带牵拉张力 [图5.11（a）]。

- 拉伸技巧：

呼气，右脚向后移动进行髋伸，双手交叉置于胸前，进行躯干后仰及向左侧屈 [图5.11（b）]。

吸气，回到准备动作姿势。

高箱弓步髋伸展辅助拉伸

(a) (b)

图5.11

5.3.4 弓步髋内收辅助拉伸

- 准备动作：

阻力带锚点固定于右髋外侧，另一端缠绕在右侧股骨处。

锻炼者弓步跪姿，右手置于右膝上，左手支撑于地面，躯干俯身向下，保持阻力带牵拉张力[图5.12（a）]。

- 拉伸技巧：

呼气，右髋屈曲至最大幅度后，右手施力辅助右膝进行髋内收[图5.12（b）]。

吸气，回到准备动作姿势。

图5.12

5.3.5 仰卧直膝髋屈曲辅助拉伸

- 准备动作：

阻力带锚点固定于右髋后方，另一端缠绕右侧股骨处。

锻炼者仰卧，双侧下肢屈髋90度、屈膝90度，保持阻力带牵拉张力[图5.13（a）]。

- 拉伸技巧：

呼气，右髋屈曲至最大幅度后，双手环抱至腘窝附近，主动脚踝背屈后伸直膝关节[图5.13（b）]。

吸气，回到准备动作姿势。

5. 主动关节辅助拉伸

仰卧直膝髋屈曲辅助拉伸

图5.13

5.3.6　仰卧屈膝髋屈曲辅助拉伸

● 准备动作：

阻力带锚点固定于右髋后方，另一端缠绕右侧股骨近端。

锻炼者仰卧，左侧下肢伸直，右侧下肢屈髋90度、屈膝90度，保持阻力带牵拉张力［图5.14（a）］。

● 拉伸技巧：

呼气，右髋屈曲至最大幅度后，双手环抱至膝关节，进行"C"

字移动[图5.14(b)]。

吸气,回到准备动作姿势。

图5.14

仰卧屈膝髋屈曲
辅助拉伸

5.3.7 仰卧盘腿髋屈曲辅助拉伸

- 准备动作:

阻力带锚点固定于右髋后方,另一端缠绕右侧股骨处。

锻炼者仰卧,左侧下肢屈髋屈膝,右侧髋外旋伴屈曲,脚踝置于左侧膝关节上方,保持阻力带牵拉张力[图5.15(a)]。

第二部分 运动拉伸技术

5. 主动关节辅助拉伸

- 拉伸技巧：

呼气，双手环抱左侧腘窝处，主动进行髋关节屈曲 [图5.15（b）]。

吸气，回到准备动作姿势。

(a)

仰卧盘腿髋屈曲辅助拉伸

(b)

图5.15

5.3.8 俯卧盘腿髋屈曲辅助拉伸

- 准备动作：

阻力带锚点固定于右髋斜侧后方，另一端缠绕右侧股骨处。

锻炼者俯卧，右侧髋关节外旋伴屈曲，左侧下肢伸直，双手肘支撑于肩部下方，保持阻力带牵拉张力［图5.16（a）］。

- 拉伸技巧：

呼气，背部挺直，右手置于颈后，进行胸椎向右侧旋转［图5.16（b）］。

吸气，回到准备动作姿势。

(a)

(b)

图5.16

俯卧盘腿髋屈曲辅助拉伸

5.3.9　侧弓步髋外展辅助拉伸

- 准备动作：

阻力带锚点固定于右髋后方，另一端缠绕右侧股骨处。

5. 主动关节辅助拉伸

锻炼者左腿跪姿，右腿伸直伴外展，右脚踩实地面，背部挺直，手臂伸直置于肩关节下方支撑，保持阻力带牵张拉力［图5.17（a）］。

● 拉伸技巧：

呼气，右侧髋关节进行外旋，脚尖指向天空后，进行躯干前后移动［图5.17（b）］。

吸气，回到准备动作姿势。

(a)

侧弓步髋外展
辅助拉伸

(b)

图5.17

5.3.10 弓步踝背屈辅助拉伸（1）

- 准备动作：

阻力带锚点固定于右髋前方，另一端缠绕右侧胫骨 3/1 处。

锻炼者弓步跪姿，右侧膝关节指向锚点，双手交叉置于膝关节上，保持阻力带牵张拉力 [图 5.18（a）]。

- 拉伸技巧：

呼气，右侧脚跟踩实地面，身体向后移动，进行膝关节伸直 [图 5.18（b）]。吸气，回到准备动作姿势。

(a)

(b)

图 5.18

弓步踝背屈辅助拉伸（1）

5.3.11 弓步踝背屈辅助拉伸（2）

- 准备动作：

阻力带锚点固定于右髋后方，另一端缠绕右侧脚踝。

锻炼者弓步跪姿，双手交叉置于右侧膝关节上，保持阻力带牵张拉力[图5.19（a）]。

- 拉伸技巧：

呼气，右侧脚跟踩实地面，身体向前移动，进行膝盖前移[图5.19（b）]。

吸气，回到准备动作姿势。

(a)

弓步踝背屈辅助拉伸（2）

(b)

图5.19

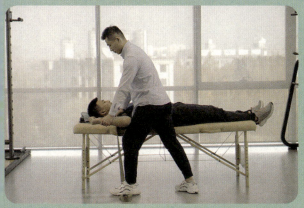

第二部分 运动拉伸技术

6. 被动关节牵引

6. 被动关节牵引

知识目标

1. 熟知被动关节牵引技术特点
2. 了解被动关节牵引的应用场景、人群及技术作用

能力目标

掌握被动关节牵引技术的应用方法、注意事项,并根据锻炼者需求及关节区分如何进行被动关节牵引

素质目标

需多次实践,追求更好的体验

6.1 被动关节牵引信息

6.1.1 被动关节牵引

被动关节牵引是指锻炼者身体完全放松,肌肉不参与用力,由物理治疗师或教练借助拉伸带、毛巾或者徒手辅助进行的拉伸。被动关节牵引技术主要是通过纵向牵引力将关节面彼此分开,关节面分离可为滑液填充关节提供更多的"空间",减少关节表面间的摩擦,且允许更多的关节运动间隙,借此达到关节功能及活动幅度改善,这个功效与第五章讲解的主动辅助拉伸相似。另外被动的关节牵引还能对纤维囊造成更多拉扯,促进纤维囊的胶原排列,避免关节囊紧缩。比如关节囊旋转活动的受限模式为后盂肱韧带容易紧缩,造成前旋能力下降失衡等。除了牵拉的模式,向外旋转模式的关节囊牵引也能达到松解的效用。

被动关节牵引根据锻炼者具体情况可用于训练前及训练后。训练前进行关节牵引,可以获得更好的关节内运动间隙,减少因过度冲击形成的关节挤压(例如:跳马运动员多次踩板,对脚踝形成过大的冲击力)。训练后进行关节牵引,可辅助更好放松关节囊及周围软组织,恢复关节活动幅度。在动作执行过程中,通常是锻炼者有关节被牵拉开的感觉,但需要确保无出现明显关节不适感。关节牵引时间建议为15~30秒,重复2~3次。

6.1.2 被动关节牵引的作用

被动关节牵引的作用为改善关节内运动及恢复关节内原有空隙,减少关节紧缩问题,减少两关节面撞击。另外,由于在被动状态下进行,减少了关节周边肌肉的参与,使关节相关肌肉及关节囊能更好达到松弛,并恢复关节活动范围。其作用原理与主动关节辅助拉伸相似。

6.1.3　被动关节牵引的注意事项

进行被动关节牵引时，因人体中身体结构会存在差异，且锻炼者自身情况不同，故在技术应用时，需调整相对于关节的不同方向，才能更直接、有效地达到技术改善的效果。在进行被动关节牵引技术时，教练可以根据锻炼者的情况调整肢体相对躯干的角度。在施加纵向牵引力时，易出现牵拉导致按摩床移动或整个身体向牵拉方向移动的状况，故牵引时力量应该缓慢增加，同时锻炼者需要配合教练，尽可能放松身体。如果教练通过多次引导后锻炼者也无法达到彻底的肌肉放松效果，教练可能需要考虑使用其他拉伸技术，不应强硬牵引，避免导致受伤。

6.2　上肢被动关节牵引技术内容

6.2.1　仰卧位颈部被动牵引（毛巾）

● 准备动作：

锻炼者仰卧，教练站于锻炼者头侧，将毛巾折叠后穿过锻炼者颈部，托住枕骨与颈部相接处［图6.1（a）］。

教练伸直手臂，抓握毛巾两端。

● 牵引技巧：

教练身体重心向后，缓慢增加牵引力量［图6.1（b）］。

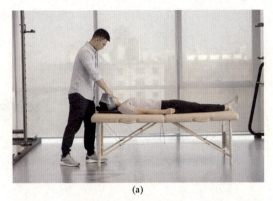

(a)

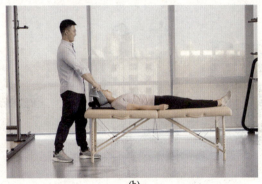

(b)

图6.1

仰卧位颈部被动牵引
（毛巾）

6.2.2　仰卧位135度肩关节被动牵引

● 准备动作：

锻炼者自然放松仰卧，右肩外展约135度，教练站于锻炼者右侧斜上方，背部保持直立。

教练手臂伸直，双手环绕抓握锻炼者右侧手腕［图6.2（a）］。

● 牵引技巧：

教练身体重心向后，缓慢增加牵引力量［图6.2（b）］。

第二部分 运动拉伸技术

6. 被动关节牵引

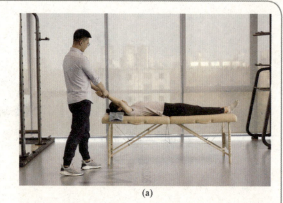

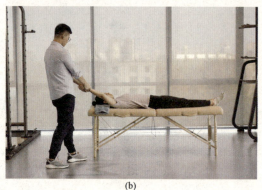

图6.2

仰卧位135度肩关节被动牵引

6.2.3 仰卧位拉伸带135度肩关节被动牵引

- 准备动作：

拉伸带一端交叉缠绕于锻炼者右侧手腕。

另一端固定于教练腰部，教练双手抓握拉伸带外侧。

- 牵引技巧：

教练身体重心向后，缓慢增加牵引力量（图6.3）。

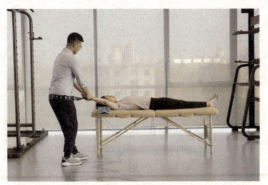

图6.3

6.2.4 仰卧位45度肩关节被动牵引

- 准备动作：

锻炼者自然放松仰卧，右肩外展约45度，教练站于锻炼者右侧斜下方[图6.4（a）]。

手臂伸直，双手环绕抓握锻炼者右侧手腕。

- 牵引技巧：

教练身体重心向后，缓慢增加牵引力量[图6.4（b）]。

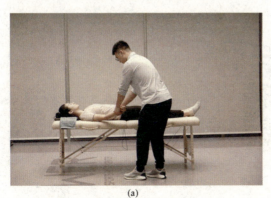

(a)

图6.4

仰卧位拉伸带135度肩关节被动牵引

仰卧位45度肩关节被动牵引

第二部分 运动拉伸技术

6. 被动关节牵引

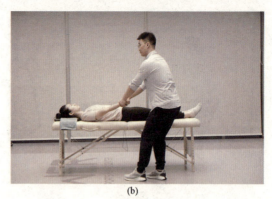

图6.4

6.2.5 仰卧位拉伸带45度肩关节被动牵引

● 准备动作：

拉伸带一端交叉缠绕于锻炼者右侧手腕。

另一端固定于教练腰部，教练双手抓握拉伸带外侧。

● 牵引技巧：

教练身体重心向后，缓慢增加牵引力量（图6.5）。

仰卧位拉伸带45度肩关节被动牵引

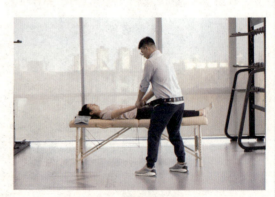

图6.5

6.2.6 俯卧位肩关节被动牵引

● 准备动作:

锻炼者自然放松俯卧,双侧手臂外展高举过头顶,右腿横越左腿。

教练站于锻炼者头侧。

教练手臂伸直,双手环绕抓握锻炼者右侧手腕[图6.6(a)]。

● 牵引技巧:

教练身体重心向后,缓慢增加牵引力量[图6.6(b)]。

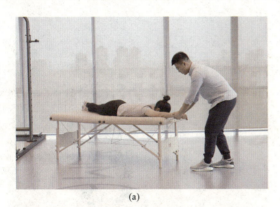

(a)

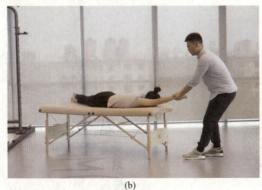

(b)

图6.6

俯卧位肩关节被动牵引

6.2.7 坐姿拉伸带肩关节前屈牵引

● 准备动作：

锻炼者坐姿，背部保持挺直。

教练前后脚分开站于锻炼者身体后方，左手固定其右侧肩胛骨，拉伸带缠绕于盂肱关节，另一端固定于教练臀线下方[图6.7（a）]。

● 牵引技巧：

锻炼者主动肩关节外展合并屈曲，缓慢增加牵引力量[图6.7（b）]。

(a)

坐姿拉伸带肩关节前屈牵引

(b)

图6.7

6.3 下肢被动关节牵引技术内容

6.3.1 仰卧位45度髋关节被动牵引

- 准备动作：

锻炼者自然放松、仰卧，右腿外展45度。

教练站于锻炼者右侧斜下方，双手环绕抓握其右侧脚踝[图6.8（a）]。

- 牵引技巧：

教练身体重心向后，缓慢增加牵引力量[图6.8（b）]。

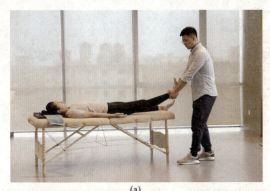

(a)

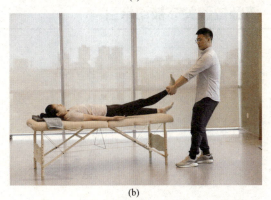

(b)

图6.8

仰卧位45度髋关节
被动牵引

6.3.2　仰卧位拉伸带45度髋关节被动牵引

● 准备动作：

拉伸带一端交叉缠绕于锻炼者右侧脚踝。
另一端固定于教练臀部，教练双手抓握拉伸带外侧。

● 牵引技巧：

教练身体重心向后，缓慢增加牵引力量（图6.9）。

仰卧位拉伸带45度
髋关节被动牵引

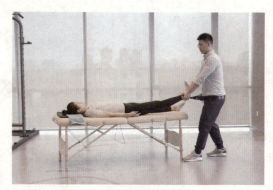

图6.9

6.3.3　俯卧位髋关节被动牵引

● 准备动作：

锻炼者自然放松、俯卧，双手高举过头顶。
教练站于锻炼者脚侧，背部保持直立，双手环绕抓握其右侧脚踝 [图6.10（a）]。

● 牵引技巧：

教练身体重心向后，缓慢增加牵引力量 [图6.10（b）]。

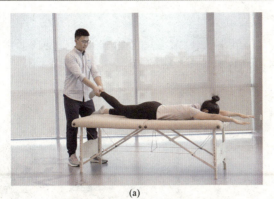

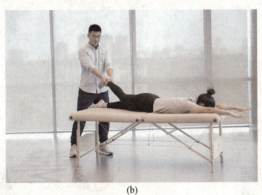

图6.10

俯卧位髋关节被动牵引

6.3.4 仰卧位拉伸带90度髋屈曲被动牵引（1）

● 准备动作：

锻炼者自然放松仰卧，右腿屈髋90度、屈膝90度。

教练站于锻炼者右侧斜下方，拉伸带缠绕于锻炼者右侧股骨近端，另一端固定于教练臀部。

教练右手置于锻炼者右侧膝关节上，左手固定拉伸带 [图6.11（a）]。

第二部分 运动拉伸技术

6. 被动关节牵引

● 牵引技巧：

教练身体重心向后，缓慢增加牵引力量，随关节运动改变施力方向 [图6.11（b）]。

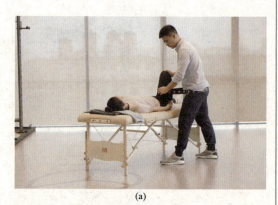

(a)

仰卧位拉伸带90度髋屈曲被动牵引（1）

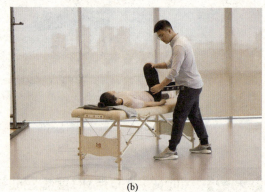

(b)

图6.11

6.3.5　仰卧位拉伸带90度髋屈曲被动牵引（2）

● 准备动作：

锻炼者自然放松、仰卧，右腿屈髋90度。

教练前后弓步站于锻炼者右侧斜下方，拉伸带缠绕于锻炼者右侧股骨近端，另一端固定于教练臀部，教练双手固定环抱锻炼者大腿［图6.12（a）］。

- 牵引技巧：

教练缓慢增加牵引力量，锻炼者被动进行髋关节屈曲，随关节运动幅度适当调整牵引力量［图6.12（b）］。

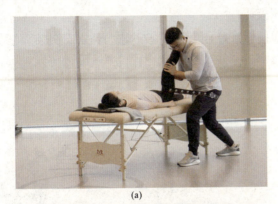

(a)

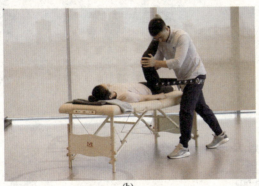

(b)

图6.12

仰卧位拉伸带90度髋屈曲被动牵引（2）

6.3.6 仰卧位拉伸带90度髋外旋被动牵引

- 准备动作：

锻炼者自然放松、仰卧，右腿屈髋90度、屈膝90度。

第二部分 运动拉伸技术

6. 被动关节牵引

教练站于锻炼者右侧，拉伸带缠绕于锻炼者右侧股骨近端，另一端固定于教练臀部。

教练右前臂托抱锻炼者小腿，右手置于其大腿内侧[图6.13（a）]。

● 牵引技巧：

教练缓慢增加牵引力量，被动进行髋关节外旋，随关节运动幅度适当调整牵引力量[图6.13（b）]。

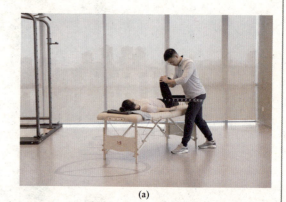

(a)

仰卧位拉伸带90度髋外旋被动牵引

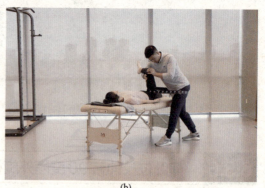

(b)

图6.13

6.3.7 仰卧位拉伸带90度髋内旋被动牵引

- 准备动作:

锻炼者自然放松、仰卧,右腿屈髋90度、屈膝90度。

教练站于锻炼者右侧,拉伸带缠绕于其右侧股骨近端,另一端固定于教练臀部,教练双手环抱锻炼者大腿[图6.14(a)]。

- 牵引技巧:

教练缓慢增加牵引力量,被动进行髋关节内旋,随关节运动幅度适当调整牵引力量[图6.14(b)]。

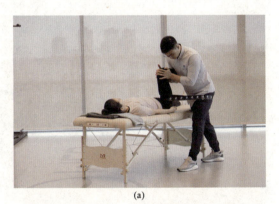
(a)

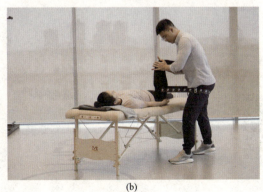
(b)

图6.14

仰卧位拉伸带90度髋内旋被动牵引

6.3.8　仰卧位脚踝被动牵引

- 准备动作：

锻炼者自然放松、仰卧，右腿外展30度。

教练站于锻炼者脚侧，双手环绕锻炼者右侧脚踝[图6.15（a）]。

- 牵引技巧：

教练身体重心向后，缓慢增加牵引力量，被动进行踝关节背屈及跖屈，持续保持牵引力量[图6.15（b）]。

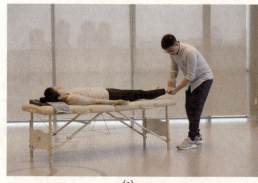

(a)

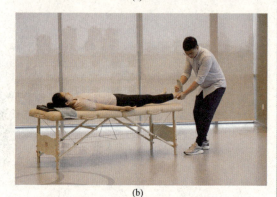

(b)

图6.15

仰卧位脚踝被动牵引

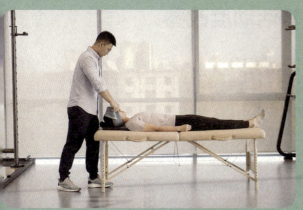

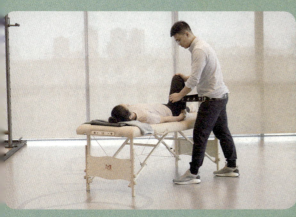

7.1 胸椎旋转活动度改善

胸椎旋转活动度不足易引起腰部及肩部过度代偿,严重时可引发腰部及肩部疼痛。以下三种练习方式,可有效帮助您改善胸椎活动度,减少运动损伤的发生概率。

方案设定及应用:

通常可将三种练习放在运动前进行,作为准备活动。且建议重复8～10次,同时进行呼吸配合。

呼吸配合:

拉伸时,进行有节奏的呼吸,能让副交感神经作为主导,放松身体;拉伸躯干肌群时通过吸气增加腹内压,使肌肉延展。

图7.1

胸椎旋转活动度改善

3.2.3	侧卧位胸椎旋转主动动态拉伸
3.2.9	90×90胸椎旋转主动动态拉伸
3.2.16	跪姿胸椎旋转主动动态拉伸

第二部分 运动拉伸技术

7. 精准拉伸组合方案

7.2　肩部旋转活动度改善

肩部旋转活动度较差时，容易在运动过程中产生肩部疼痛及动作模式受限。以下三种练习方式，可有效帮助改善肩部旋转活动度、增加肩关节间隙、减少运动损伤。

方案设定及应用：

通常可将三种练习放在运动前进行，作为准备活动。感到肌肉被拉长后，维持15～30秒，重复2～3次。

肌肉拉长的等级：

拉伸者感觉到已达到最大幅度，或者被拉伸者自身感觉肌肉拉伸等级至2级。

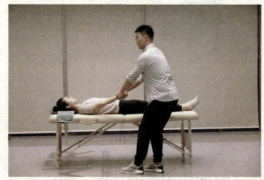

图7.2

肩部旋转活动度改善

6.2.4	仰卧位45度肩关节被动牵引
4.2.4	肩内旋肌群被动静态拉伸
4.2.5	肩外旋肌群被动静态拉伸

注：有针对性的精准拉伸解决方案涉及的动作，并没有完全按照目录顺序，而是从解决实际问题的角度出发。

7.3 肩部灵活性改善

肩部灵活性除主动运动外，还包括附属运动（滚动、滑动）等。肩关节属于灵活性大但稳固性不足的关节，运动前进行辅助拉伸，可有效改善关节灵活度，预防损伤。

方案设定及应用：

通常可将三种练习放在运动前进行，保持牵拉张力的同时进行移动，且建议重复8～10次。同时进行呼吸配合。

第二部分 运动拉伸技术

7. 精准拉伸组合方案

图7.3

肩部灵活性不足

5.2.1	站姿肩环绕辅助拉伸
5.2.2	跪姿支撑肩屈伸辅助拉伸
5.2.3	坐姿肩后伸辅助拉伸

7.4 髋关节灵活性改善

久坐、运动后不进行拉伸放松等均有可能导致髋关节灵活性不足。髋关节灵活性受限，不但会让我们无法正常完成动作，还会导致附近关节代偿。

方案设定及应用：

此两种练习可放置于训练前进行，保持牵拉张力的同时进行移动，增加多肌群参与。建议重复 8～10 次，同时进行呼吸配合。

图7.4

髋关节灵活性改善

| 5.3.4 | 弓步髋内收辅助拉伸 |
| 5.3.8 | 俯卧盘腿髋屈曲辅助拉伸 |

7.5 脚踝灵活性改善

脚踝灵活性不足时,容易产生其他关节代偿,良好的脚踝灵活性在单脚急停和变向动作时,还可以对身体起到保护作用。

方案设定及应用:

此两种练习可放置在训练前后进行,保持牵拉张力的同时进行移动,且足底紧贴地面。建议重复 8～10 次。

图 7.5

脚踝灵活性不足

| 5.3.10 | 弓步踝背屈辅助拉伸(1) |
| 5.3.11 | 弓步踝背屈辅助拉伸(2) |

7.6 久坐腰背疼痛

由于久坐、劳累、姿势不正确等，导致局部肌肉、筋膜、韧带等劳损，腰背部会出现局部的酸疼、发僵、活动受限等症状，通常可保守治疗。保守治疗包括：运动，被动拉伸，短波、微波等仪器治疗。

方案设定及应用：

此三种练习为被动拉伸练习，可针对腰背疼痛的等级，适当增加拉伸强度，且确保动作执行过程中无明显疼痛出现。感到肌肉被拉长后，维持15～30秒。

拉伸等级：

针对腰背部存在的疼痛及不适状况，被动拉伸应循序渐进，初期拉伸等级需保持1级拉伸感（有轻微拉伸感）。

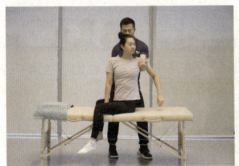

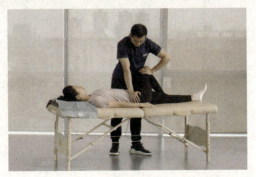

图7.6

久坐腰背疼痛

4.5.1 胸椎旋转肌群被动静态拉伸

4.2.25 腰部肌群被动静态拉伸（2）

4.2.12 臀部肌群被动静态拉伸（1）

7.7 肩颈部疼痛

可能引起肩颈疼痛的原因有：长期低头看手机、睡眠姿势不正确导致的落枕等。因颈部相对脆弱，如果已知有颈椎疾病，需及时就医，由医生确诊后，谨慎执行颈部区域拉伸。

方案设定及应用：

此四种练习均为被动形式，针对颈部进行牵引及拉伸，逐渐增加拉伸强度，且确保动作执行过程中无明显疼痛出现。感到关节被牵引开及肌肉被拉长后，维持 10 秒。如若出现疼痛，立即停止。

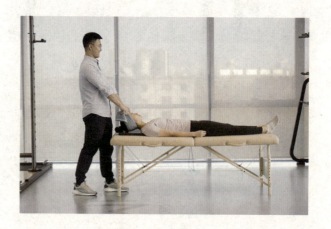

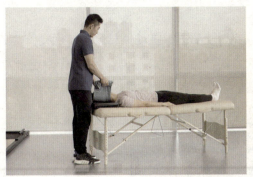

图7.7

肩颈部疼痛

6.2.1	仰卧位颈部被动牵引（毛巾）
4.2.3	颈部旋转肌群被动静态拉伸
4.2.1	颈部侧屈肌群被动静态拉伸（1）
4.2.2	颈部侧屈肌群被动静态拉伸（2）

7.8 髋关节弹响

髋关节弹响是指髋关节在主动进行屈伸和行走时，出现听得见或感觉得到的响声。髋关节弹响多发于经常做髋关节屈曲伸展运动的人群，如健身爱好者、足球运动员、跑者、舞者等。

第二部分 运动拉伸技术

7. 精准拉伸组合方案

方案设定及应用：

此练习为主动形式，针对髋部进行主动关节牵张，保持弹力带牵拉张力，重复8～10次。如若出现疼痛，可减轻弹力带牵拉张力。

图7.8

髋关节弹响

3.2.27	站姿躯干屈曲主动动态拉伸
5.3.7	仰卧盘腿髋屈曲辅助拉伸
5.3.8	俯卧盘腿髋屈曲辅助拉伸

7.9　肩峰撞击综合征改善

肩峰下撞击综合症是由于肩部长期慢性劳损或外伤,以及解剖因素等,导致肩峰与肱骨头下运动间隙减小,在肩部运动时,反复撞击肩峰下滑囊和冈上肌肌腱引发的疼痛。

方案设定及应用:

此三种被动练习旨在恢复运动前、后肩峰下关节间隙,松动关节囊。感觉关节被牵拉开后,保持 5 ～ 10 秒。

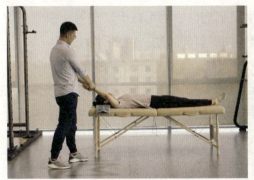
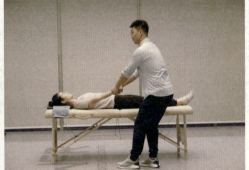

图7.9

肩峰撞击综合征改善

6.2.2　仰卧位135度肩关节被动牵引

6.2.4　仰卧位45度肩关节被动牵引

6.2.7　坐姿拉伸带肩关节前屈牵引

7.10　网球肘被动拉伸方案

网球肘（肱骨外上髁炎）是肘关节外侧前臂伸展肌群起点处肌腱发炎疼痛，主要原因为前臂伸肌重复用力，会在用力抓握或提举物体时感到患处疼痛。常见于网球、羽毛球运动员等，家庭主妇、砖瓦工、木工等长期反复用力做肘部活动，也易引发疼痛。

方案设定及应用：

此三种被动练习重点在于牵拉肘部及腕部肌群，在无急性疼痛的情况下肌肉拉伸感觉可达 2 级，保持肌肉拉伸感，维持 15 ～ 30 秒。

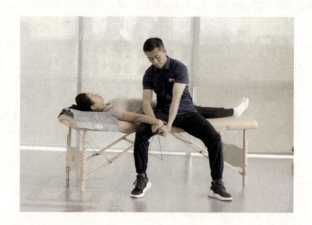

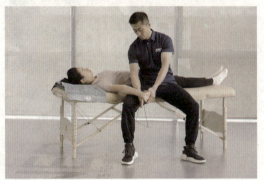

图 7.10

网球肘被动拉伸方案

4.2.6	前臂伸肌群被动静态拉伸
4.2.7	前臂旋后及伸展肌群静态拉伸
4.2.8	前臂屈曲及旋前肌群被动静态拉伸

7.11 "鼠标手"被动拉伸方案

"鼠标手"是腕管综合症的通俗叫法,常见症状为:手指桡侧感觉异常、麻木及功能障碍。从事某些活动曲腕过久时也会引起手指麻木加重,如做针线活、长时间手持电话或长时间手持书本阅读等。

7. 精准拉伸组合方案

方案设定及应用：

此四种被动练习重点在于牵拉前臂及手掌肌群，在无急性疼痛的情况下肌肉拉伸感觉可达2级，保持肌肉拉伸感，维持15～30秒。

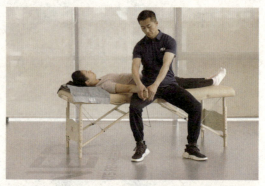

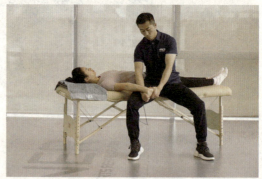

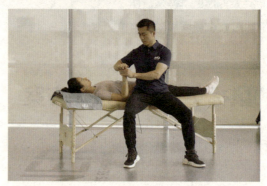

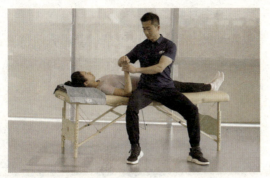

图 7.11

"鼠标手"被动拉伸方案

4.2.8	前臂屈曲及旋前肌群被动静态拉伸
4.2.9	手掌肌群被动静态拉伸
4.2.10	掌指间肌群被动静态拉伸（1）
4.2.11	掌指间肌群被动静态拉伸（2）

7.12　上交叉综合征改善

上交叉综合症通常表现为圆肩、驼背、含胸、头前引的姿态，常见症状有颈肩部紧张性酸痛，手臂麻痛。网络信息时代，长时间低头、伏案、玩手机等，更容易导致发作。

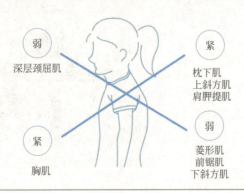

弱　深层颈屈肌

紧　枕下肌　上斜方肌　肩胛提肌

紧　胸肌

弱　菱形肌　前锯肌　下斜方肌

7. 精准拉伸组合方案

方案设定及应用：

此四种被动练习重点改善过度紧张肌群，在无疼痛及不适状况下，肌肉拉伸感觉可达 2 级，保持肌肉拉伸感，维持 15～30 秒。

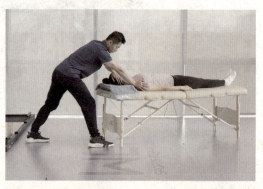

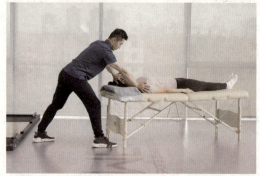

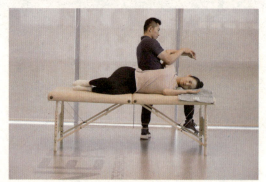

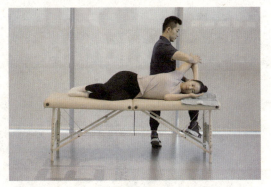

图 7.12

上交叉综合症改善

4.2.1　颈部侧屈肌群被动静态拉伸（1）

4.2.2　颈部侧屈肌群被动静态拉伸（2）

4.4.1　胸大肌中束被动静态拉伸

4.4.2　胸大肌下束被动静态拉伸

7.13　下交叉综合征被动拉伸

　　下交叉综合症又称骨盆交叉综合症，包括骨盆前倾及后倾，主要是久坐或久站等原因使身体重心改变，导致骨盆向前或者向后倾斜，从而引起腰部疼痛及膝盖腘窝疼痛等。

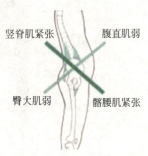

第二部分 运动拉伸技术

7. 精准拉伸组合方案

方案设定及应用：

此五种被动练习重点改善过度紧张肌群，在无疼痛及不适状况下，肌肉拉伸感觉可达 2 级，保持肌肉拉伸感，维持 15～30 秒。

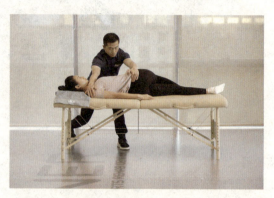

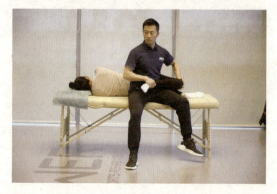

图7.13

下交叉综合症被动拉伸方案

4.2.24	腰部肌群被动静态拉伸（1）
4.2.25	腰部肌群被动静态拉伸（2）
4.3.2	股四头肌被动静态拉伸（2）
4.4.8	髋屈曲肌群被动静态拉伸

7.14　跑步爱好者拉伸方案

　　跑步爱好者常见的恢复手段分为主动和被动两种。按摩放松、拉伸、泡沫轴等都属于被动疲劳消除的方式。拉伸是有效消除疲劳的方法之一，通常被动静态拉伸可作为长时间跑步后的主要恢复手段。

第二部分 运动拉伸技术

7. 精准拉伸组合方案

方案设定及应用：

主要以被动静态拉伸为主，以下被动练习是对主要肌肉进行渐进伸展，增加灵活性和预防伤痛。在无疼痛及不适的状况下，肌肉拉伸感觉可达 2 级，保持肌肉拉伸感，维持 15～30 秒。

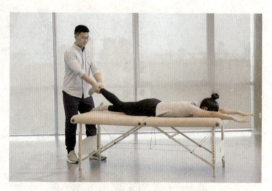

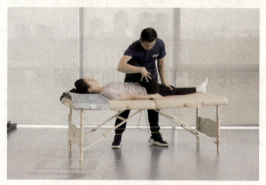

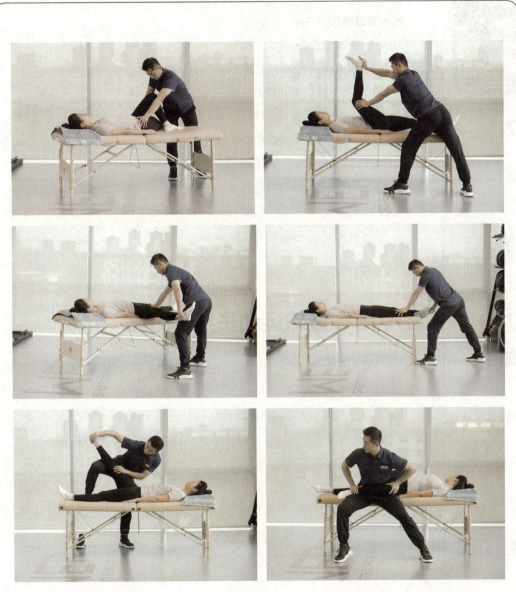

图7.14

217

7. 精准拉伸组合方案

跑步爱好者拉伸方案

6.3.3	俯卧位髋关节被动牵引
4.3.1	股四头肌被动静态拉伸（1）
4.2.13	臀部肌群被动静态拉伸（2）
4.2.15	阔筋膜张肌被动静态拉伸（1）
4.2.17	腘绳肌被动静态拉伸（1）
4.2.21	大腿内收肌群被动静态拉伸
4.2.22	胫骨前肌被动静态拉伸
4.2.23	腓肠肌被动静态拉伸
4.2.25	腰部肌群被动静态拉伸（2）

7.15　篮球运动员拉伸方案

篮球技术动作中，多以加速跑、变换方向、弹跳力为主。因此专项训练前准备活动应从弱过渡到强，且从单平面运动逐渐过度到多运动面练习。充足的运动前拉伸训练，可有效预防训练中受伤、训练后肌肉酸痛，促进身体协调性，改善动作训练幅度。

方案设定及应用：

专项训练前，主要以主动动态形式进行拉伸，根据专项需求进行设计及选择更贴近专项运动需求的动作。运动强度逐渐从低至强，从单关节运动逐渐递增至多平面运动。主动动态拉伸动作需重复8～10次，可按需求进行2～3组。

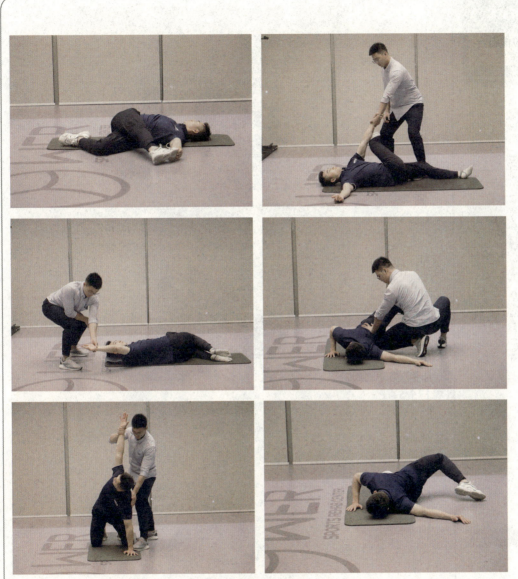

图7.15

第二部分 运动拉伸技术

7. 精准拉伸组合方案

7. 精准拉伸组合方案

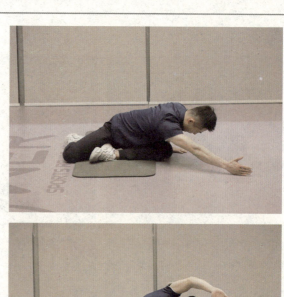

图 7.15

篮球运动员拉伸方案

3.2.1	仰卧位髋屈曲主动动态拉伸
3.2.5	俯卧位髋后伸主动动态拉伸
3.2.11	90×90髋屈曲主动动态拉伸
3.2.14	跪姿髋伸展主动动态拉伸
3.2.15	跪姿髋部三方向主动动态拉伸
3.2.24	弓步姿躯干旋转主动动态拉伸

7.16 足球运动员拉伸方案

足球运动要求具有较高爆发式加速变向跑和减速跑的能力，运动中经常要全速冲刺。因此在准备活动期间要注重提高参与者的髋部屈肌、股后肌群和腰部的活动幅度，以此降低损伤概率。同时要激活核心肌群的力量，以保证快速爆发并变换方向完成动作。

方案设定及应用：

足球专项训练前，主要以主动动态形式进行拉伸，根据专项需求进行设计及选择更贴近的动作。运动强度逐渐从低至强，从单关节运动逐渐递增至多平面运动。主动

7. 精准拉伸组合方案

动态拉伸动作需重复 8～10 次，可按运动员需求进行 2～3 组。

图 7.16

足球运动员拉伸方案

3.2.1　仰卧位髋屈曲主动动态拉伸

3.2.19　四点支撑髋伸展主动动态拉伸

3.2.21　侧弓步腿后肌群主动动态拉伸

3.2.24　弓步姿躯干旋转主动动态拉伸

3.2.26　俯身后移腿后肌群主动动态拉伸（2）

7.17　网球运动员拉伸方案

　　网球是一项讲究对拍面精细控制的运动，而要想实现这种精细控制，需要手臂的肌肉保持在放松状态，只有这样才能更敏锐地控制球拍。就像写字时手指握太紧，就会感觉写得不太流畅一样，这是因为过于紧张的肌肉会降低神经传导的敏锐性，进而降低大脑对手指的精细控制能力。网球中的挥拍同样如此。

　　方案设定及应用：

　　此三种协助动态拉伸可有效解决专项训练时，因过度疲劳引起的手臂肌肉僵硬，影响挥拍速度及力量的问题。拉伸幅度逐渐从小至大，协助动态拉伸动作需重复8～10次，可按需求进行2～3组。

第二部分 运动拉伸技术

7. 精准拉伸组合方案

图7.17

网球运动员拉伸方案

3.2.8	90×90肩环绕协助动态拉伸
3.2.30	上肢肌群协助动态拉伸（1）
3.2.31	上肢肌群协助动态拉伸（2）
3.2.32	上肢肌群协助动态拉伸（3）

7.18 竞技体操运动员拉伸方案

竞技体操是多个不同运动项目的总称，其中包括：跳马、高低杠、双杠、单杠、吊环及自由操等。此项目要求运动员身体各关节部位均具有较大的活动幅度，多方向运动的关节幅度是准备活动的重点。

方案设定及应用：

专项训练前，准备活动可选择以协助动态形式进行，其目的主要为：在肌肉黏滞点或关节幅度受限的角度进行协助施力，逐渐且缓慢地增加关节活动范围。可根据专项需求进行设计及选择更贴近的动作。运动强度逐渐从低至强，从单关节运动逐渐递增至多平面运动。协助动态拉伸动作需重复8～10次，可按需求进行2～3组。

7. 精准拉伸组合方案

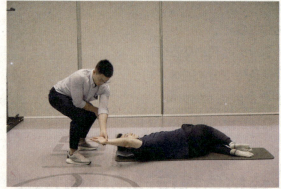

图 7.18

竞技体操运动员拉伸方案

3.2.2	仰卧位髋屈曲协助动态拉伸
3.2.4	侧卧位胸椎旋转协助动态拉伸
3.2.6	俯卧位髋后伸协助动态拉伸
3.2.17	跪姿胸椎旋转协助动态拉伸
3.2.34	蹲姿肩屈曲协助动态拉伸

7.19　体能训练前拉伸方案

体能训练前的热身又称准备活动，有效的准备活动可预热肌肉、升高体温，并加快全身血液循环。准备活动的目标应具有多向性，使参与运动者从生理和心理两方面为即将参加的运动或比赛做好充分准备。

准备活动的益处：

促进主动肌和拮抗肌的快速收缩与放松；

提高发力速率，缩短反应时长；

增加肌肉力量和爆发力；

降低肌肉黏滞性；

7. 精准拉伸组合方案

升高体温，促进更多血液流向肌肉。

图7.19

第二部分 运动拉伸技术
7. 精准拉伸组合方案

体能训练前拉伸方案

3.2.3	侧卧位胸椎旋转主动动态拉伸
3.2.1	仰卧位髋屈曲主动动态拉伸
3.2.5	俯卧位髋后伸主动动态拉伸
3.2.12	90×90髋伸展主动动态拉伸
3.2.15	跪姿髋部三方向主动动态拉伸
3.2.22	侧弓步内收肌群主动动态拉伸
3.2.24	弓步姿躯干旋转主动动态拉伸
3.2.26	俯身后移腿后肌群主动动态拉伸（2）

7.20 体能训练后被动拉伸方案

正确合理的拉伸不仅能使身体迅速进入兴奋状态，而且能减轻训练后的肌肉酸痛，拉伸对塑造体型也有很大帮助。

运动后拉伸的益处：

缓解肌肉群过度紧张，促进血液循环、新陈代谢和营养运输；

防止肌肉纤维或肌腱损伤；

有助于刺激肌肉生长，提升身体的柔韧性。

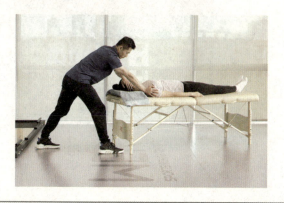

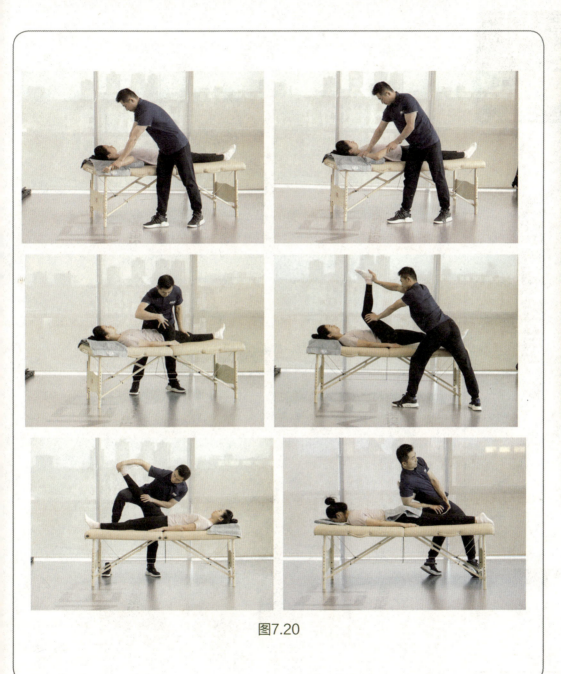

图7.20

第二部分 运动拉伸技术

7. 精准拉伸组合方案

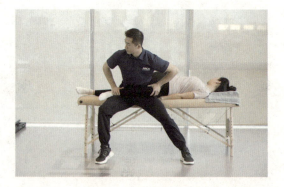

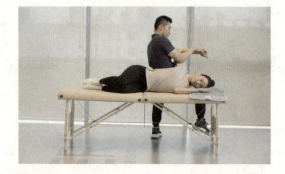

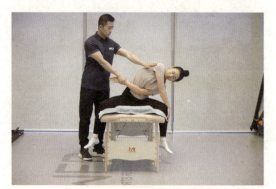

图7.20

体能训练后被动拉伸方案

4.2.2	颈部侧屈肌群被动静态拉伸（2）
4.2.4	肩内旋肌群被动静态拉伸
4.2.5	肩外旋肌群被动静态拉伸
4.2.13	臀部肌群被动静态拉伸（2）
4.2.17	腘绳肌被动静态拉伸（1）
4.2.23	腓肠肌被动静态拉伸
4.2.25	腰部肌群被动静态拉伸（2）
4.3.2	股四头肌被动静态拉伸（2）
4.4.1	胸大肌中束被动静态拉伸
4.5.2	腰方肌被动静态拉伸

附录一 拉伸训练前主动评估表

| 姓名： | | 评估日期 | | | | |

身体健康备注：
是否有已知心血管疾病 ☐　　　在运动中是否有关节不稳定感 ☐
四肢是否有麻痹状况 ☐　　　颈椎是否做过手术 ☐　　　是否有任何已知颈椎疾病 ☐
是否有关节损伤或疼痛问题 ☐　肩 ☐　肘 ☐　手腕 ☐　腰 ☐　髋 ☐　膝盖 ☐　脚踝 ☐

自我评估结果

	L			R		
	N	D	P	N	D	P
颈椎屈曲						
颈椎伸展						
颈椎侧屈						
颈椎旋转						
躯干前弯						
躯干后仰						
躯干旋转						
肩部外展						
肩部前屈						
肩部外旋						
肩部内旋						
髋部屈曲						
髋部伸展						
髋部外旋						
髋部内旋						

备注：
N=Normal 正常
D=Dysfunction 功能缺失
P=Pain 疼痛

附录二 拉伸训练前被动评估表

姓名：	评估日期

身体健康备注：
是否有已知心血管疾病 □　　　在运动中是否有关节不稳定感 □
四肢是否有麻痹状况 □　　　颈椎是否做过手术 □　　　是否有任何已知颈椎疾病 □
是否有关节损伤或疼痛问题 □　肩 □　肘 □　手腕 □　腰 □　髋 □　膝盖 □　脚踝 □

自我评估结果

	L				R			
	N	H	F	P	N	H	F	P
颈椎被动屈曲								
颈椎被动伸展								
颈椎被动旋转								
肩部被动外旋								
肩部被动内旋								
被动直膝抬腿								
改良式托马斯								
被动髋部内旋								
被动髋部外旋								

备注：
N=Normal 正常
H=Hard 坚硬
F=Firm 僵硬
P=Pain 疼痛

参 考 文 献

[1] Jane Johnson. 拉伸治疗操作指南. 林永佳，陈方灿，译. 天津：天津科技翻译出版有限公司，2017.
[2] 王雪强. 关节松动术. 北京：科学出版社，2018.
[3] 陈方灿. 运动拉伸实用手册. 北京：北京体育大学出版社，2008.
[4] 林冠廷，刘育铨. 筋膜拉伸术. 香港：四季出版有限公司，2018.
[5] Arnold G.Nelson, Jouko Kokkonen. 拉伸运动系统训练. 王会寨，杨倩倩，译. 北京：人民邮电出版社，2016.
[6] Mark Verstegen, Pete Williams. 核心区训练-改善身体及生活的革命式训练方案. 周龙峰，译. 北京：北京体育大学出版社，2015.
[7] Mark Kovacs. 动态拉伸训练：创新热身方法. 张长念，译. 北京：北京体育大学出版社，2015.
[8] Paul Jackson Mansfield, Donald A. Neumann. 基础肌动学. 郭怡良，李映琪，译. 台湾：ELSEVIER TAIWAN LLC，2013.
[9] G.Gregory Haff, N.Travis Triplett, Editors. National Strength and Conditioning Association，肌力与体能训练. 林贵福, 等译. 台湾：禾枫书局有限公司，2017.